하브루타
수업디자인

하브루타
수업디자인

발행일　2018년 12월 19일 초판 1쇄 발행
　　　　　2022년 4월 25일 초판 3쇄 발행
지은이　김보연, 고요나, 신명
발행인　방득일
편 집　박현주, 허현정, 한해원
디자인　강수경
마케팅　김지훈

발행처　맘에드림
주 소　서울시 도봉구 노해로 379 대성빌딩
전 화　02-2269-0425
팩 스　02-2269-0426
e-mail　momdreampub@naver.com

ISBN　979-11-89404-08-6 93370

질문으로 생각을 나누고 짝과 함께 대화하는 공부

하브루타
수업디자인

김보연 · 고요나 · 신명 지음

맘에드림

'에너지가 넘치는 아이를 어떻게 양육해야 할까?'라는 고민으로,

'내가 가지고 있는 생각의 틀을 깨기 위한 방법은 없을까?'라는 고민으로,

'그림책을 읽어주면서 아이의 사고를 확장시켜주고 싶은 질문은 없을까?'라는 고민으로

시작했다. 각자의 다른 고민으로 시작해 함께 달려온 시간 동안 답은 하나였다.

하!브!루!타!

우리 아이를 어떻게 가르쳐야 할까?

우리 아이가 정말 행복한 사람으로 자라면 좋겠다고 막연하게 생각했다. 그러나 아이를 양육하는 문제에서 현실을 마주했다. 전성수 교수는 《복수당하는 부모들》에서 '많은 부모들은 자녀의 행복을 바라는 마음으로 교육에 헌신하고 희생하나 자녀들은 부모를 원망하며 불행을 느낀다.'고 했다[1]. 잘못된 교육열로 무너지는 한국 가정을 안타깝게 여기며 행복한 성공을 보장하는 방법으로 가정 하브루타를 소개했다. 전성수 교수가 하브루타를 우리나라에 도입한 이유는 유대인들의 행복 지수와 성공 지수가 높았기

때문이다. 하브루타가 문화로 정착되어 부모와 자녀의 애착이 형성되고 가족 간 친밀감이 높은 이유도 여기에 있다. 하브루타는 대화와 관계를 중시한다. 그리고 대화와 관계의 중심에는 질문이 있다.

왜 하브루타를 수업에 적용하고자 했나?

엄마이자 교사인 우리는 '모든 아이들이 행복한 교육'에 대해 많은 생각을 했다. 그런 우리가 만난 하브루타는 배움의 나침반으로 다가왔다. 시작은 엄마의 입장이었지만 교사이다 보니 제자들의 진정한 행복을 위한 교육을 생각하지 않을 수 없었다. 단순한 방법이 아닌 철학으로 접근할 필요가 있었다. 학생들의 내적 동기가 살아나야 가능한 것이다. 학생들의 내적 동기와 자신감을 키우도록 교사가 노력해야 제자들이 불행해지는 것을 막을 수 있다. 하브루타 연구회 모임을 통해 힘을 얻고 열심히 나의, 우리의 삶 속에서 하브루타를 통해 삶을 변화시키려고 노력하고 있다.

모든 수업들은 학생들이 참여하는 수업을 지향한다. 학생들이 참여한다는 것은 학생들의 언어가 꿈틀대는 활발한 교실 모습이다. 수업 시간 중 학생들이 생각을 하거나 나누는 시간은 얼마나 될까? 진도에 쫓기듯 교사에게만 배움이 일어나는 교실의 모습이 안타까웠다. 학생들의 관심을 모아 질문을 만들고 짝과 대화하는 수업 방식은 입을 열게 만들어 주었다. 학생들이 말문을 열어야 학생 참여형 수업이 제대로 이루어질 수 있다. 하브루타로 하루가 다르게 성장해가는 학생들을 보면서 너무 기뻤다. 하브루타로 짝과 함께 이야기 나누고 토론하면서 마음도, 생각도 부쩍 자라는 모습이 감격스러웠다. 그리고 하브루타로 도란도란 소리 나는 공부를 하는 학생들을 교사들과 공유하고 싶었다. 짝과 대화를 통해 지식을 나누고 생각을 공유하고 함께 하면서 학생들의 마음은 성장한다. 짝과 상호작용을 통해 사고 및 행동의 변화를 더 촉진할 수 있다. 더불어, 함께하는 중요성도 자연스럽게 스며들어 생활 교육에 도움이 된다.

교사는 단순 지식만 전달하는 사람이 아니다. 학생들의 잠재된 능력을 이끌어내는 역량을 갖추고 있어야 한다. 4C, 4차 산업혁명이 등장하며 교육과정이 바뀜에 따라 교사들도 변화를 해야만 하는 지점에 이르렀다. 많은 것이 급변하는 지금 다양한 교수학습 방법들이 쏟아지고 있다. 어떤 철학을 갖고 어떤 방향으로 학급을 이끌어 가야 하는지 갈팡질팡하고 있다. 이때 변하지 않는 철학과 가치를 가지고 방법을 적용하는 것이 필요하다. 정답이 없는 미래를 살아갈 학생들이 실제 삶을 살아가면서 어려움이 닥쳐도 오뚝이처럼 일어날 수 있는 힘을 길러줘야 한다. 머릿속에 물음표를 가지고 생각의 스위치를 켜도록 도와주어야 한다.

  '무엇을, 어떻게, 왜'를 소개한 것 같이 보일지도 모른다. 하지만 무엇보다도 가르치는 주체인 교사와 상호작용하는 학생인 '누구'를 중시했음을 말하고 싶다.

  1장은 하브루타를 처음 만나는 사람에게도, 어느 정도 하브루타를 알고 있는 교사에게도 방법보다 철학을 기반으로 다가서는 하브루타가 되길 바라는 마음을 담았다. 하브루타에 대한 정의와 철학을 정리했다.

  2장은 하브루타를 학급에 적용하기 위한 토대 마련에 도움을 주고자 하는 장이다. 학급은 교사를 닮아간다. 교사의 교육관이 살아서 숨 쉬는 하브루타 학급운영을 위해 교사와 학생들이 준비해야 할 것들을 정리했다. 1년 동안 일관성 있게 지속적으로 운영하길 바라는 마음으로 준비했다.

  3장은 물음과 소통이 있는 수업을 위한 장이다. 하브루타의 꽃인 질문 만들기를 막연하게 생각하거나 힘들어하는 학생들에게 도움을 주기 위한 장이다. 학생들의 참여를 높여 행복한 수업이 이뤄지길 바라는 마음으로 준비했다. 재미를 더하기 위해 질문 만들기에 놀이 요소를 가미했다. 학생들의 말문이 트이고 짝과 생각을 공유하는 즐거움이 있다.

4장에서는 하브루타와 수업을 관련지어 학생의 배움에 집중하였다. 하브루타 수업 사례를 통해 학생의 활동과 연결하고, '나부터, 지금부터, 할 수 있는 것부터'라는 생각을 가지고 교육과정에서 실천한 결과물들이다. 하브루타는 철학이 있는 수업, 학생 삶 중심의 배움, 학생의 질문에서 시작하는 수업을 함께 공부하는 배움의 장이다.

5장은 교육을 넘어 문화로 만들어 나가기 위한 마음으로 정리했다. 교실에서는 보통 하브루타를 알려주고 경험하게 하다 보면 1년의 시간 제한이 있다. 교실을 넘어 부모가 소통, 이해, 공감의 철학을 가지고 지속적으로 실천하는 것에 비중을 두었다.

'빨리 가려거든 혼자 가고 멀리 가려거든 함께 가라.'는 아프리카 속담이 있다. 혼자가 아니라 함께하는 사람들이 있기에 하브루타 실천이 가능했다.

책 집필을 시작할 수 있도록 우리를 믿고 응원하며 끝까지 지원을 아끼지 않으신 양동일 이사님,

"꾸준함이 천재성이다."라며 볼 때마다 격려와 용기를 주신 민형덕 소장님,

길을 잃고 헤맬 때마다 나침반과 같이 우리를 안내하고 지속시켜 주신 정설 연구사님,

사고의 틀을 넓히며 즐거움을 함께한 주성이, 라엘이 엄마 김민경 선생님,

　　책을 쓴다며 고생하는 아내를 위해 외조를 아끼지 않은 남편들과 부모님들,

　　"엄마, 힘내! 책은 근데 언제 나와?"라며 책에 대한 기대감을 보여주며 엄마를 자랑스럽게 여기는 우리 아이들(은빈, 은채, 유찬, 예성, 소원, 소영, 지호)에게 정말 고맙고 사랑한다는 말을 전하고 싶다. 우리의 책이 완성되기까지 도움을 주신 모든 분들에게 감사의 마음을 전합니다.

2018년 12월 1일

김보연, 고요나, 신명

차례

2장 하브루타와 함께하는 사계절 이야기

3장 놀이로 풀어가는 하브루타

4장   수업으로 풀어가는 하브루타

말은 생각 없이 할 수 없다.

말이 생각을 부른다.

생각이 생각을 부른다.

- 전성수

1장

하브루타
바라보기

하브루타는 짝이 중요하다. 짝이란 텍스트와 상대방이다. 짝과 함께 텍스트에 말을 거는 것으로 시작하여 자신의 틀을 깨고 열린 태도로 '자기 이해'를 향해 간다. 앎과 삶을 생각하는 하브루타는 철학이다.

1 하브루타의 필요성

교실에서 질문이 사라지는 이유는?

"연우야, 학원 갈 시간이야. 숙제는 다했니?"
"알겠지요? 이해했어요?"

부모는 어떤 질문으로 자녀와 대화하고 교사는 교실에서 어떤 질문을 학생들과 주고받을까?

부모들은 자녀의 안정적인 미래를 위해서 선행 교육이 필수적이라고 생각한다. 교육에 대한 관심과 열정을 다양한 사교육에 쏟는다. 자녀와의 대화는 할 일을 다했는지 묻는 것이 주가 되기도 한다. 학교에서도 기본적인 생활 규칙을 지켰는지, 일반적인 학습 훈련이나 수업 내용의 이해 여부에 관한 질문을 한다. 부모도 교사도 일방적인 지시나 억압에 가까운 말을 한다. 이는 진정한 대화라고 볼 수 없다.

교실에서는 무기력 현상이 두드러지게 나타난다. 학습 무기력은 아이가 학습 단계, 방법, 시기, 환경 등이 자신과 맞지 않아 학습에 대해 부정적이거나 다소 억압적 환경에 의해서 학습을 지속할 때 생긴다. 학생들 일부는 교과 공부를 지루해하고 교과서를 따분한 책으로 인식한다. 학교 수업을 통해 근접발달영역을 창출해야 할 학생들이 조기 교육으로 학습 스트레스가 누적되어 수동적이고 무기력해진다. 공부 내용을 이미 알고 있는 학생들은 수업에 재미를 느끼지 못한다. 교과 부진이 누적된 학생들은 본시 학습내용을 이해하지 못해 집중하기 어렵다. 수업에 집중하기 어려워하는 아이들, 무기력한 아이들, 호기심이 없는 아이들을 수업 현장에서 만난다.

서울대 국어교육연구소의 조사에 따르면 수업 중 질문하지 않은 이유에 대해 관심이나 흥미가 부족(23.5%), 무엇을 질문할지 모른다(24%), 사람들 앞에서 말하고 싶지 않아서(10.7%), 질문을 해서 창피 당할까봐(10.7%)의 결과가 나왔다. 초등학생 6학년 학생은 인터뷰에서 "친구들은 이미 선행 학습으로 알고 있는데 나만 모른 것 같아서 질문을 하지 못한다"라고 말했다. 2010년 G20 서울 정상회담 폐막식에서 오바마 대통령이 한국의 기자에게 질문권을 주었지만 아무도 대답하지 못했다. 이 일화를 통해 질문을 함에 있어 주변 눈치를 살핀다는 것을 엿볼 수 있다. 즉, 눈치 문화에 익숙하고 호기심과 관심이 없는 학생들은 질문을 하지 않는다.

"수업 흥미 없어"…질문 사라진 교실[2], 《동아일보》, 2017. 2. 24.

학생들은 강의식 수업보다 자신들이 말하고 듣는 수업에 더 집중한다. 질문은 앎에 대한 호기심의 표현이며 정확히, 더 많이 알고 싶다는 열정의 표현이다. 도로시 리즈는 질문의 7가지 힘을 다음과 같이 제시했다[3].

첫 번째 힘, 질문을 하면 답이 나온다.
두 번째 힘, 질문은 생각을 자극한다.
세 번째 힘, 질문하면 정보를 얻는다.
네 번째 힘, 질문하면 통제가 된다.
다섯 번째 힘, 질문은 마음을 열게 한다.
여섯 번째 힘, 질문은 귀를 기울이게 한다.
일곱 번째 힘, 질문에 답하면 스스로 설득이 된다.

앞으로 어떤 능력을 키워야할까?

"~ ~야, 공기청정기 틀어줘"
"~ ~야, 상어가족 음악 부탁해."
"~ ~야, 스포츠 채널 찾아줘."

요즘 광고를 통해 자주 듣는다. 세상은 아주 빠른 속도로 변해

가고 있다. 코딩, 빅데이터, 로봇, AI(인공지능), IoT(사물인터넷), ……. 생소했던 것들이 이제는 익숙하다. 2016년 3월 대한민국에서는 깜짝 놀랄 흥미로운 일이 생겼다. 이세돌과 인공지능 알파고의 바둑 대결 때문이었다. 평소 관심 없던 바둑 중계를 보며 '아! 이제 4차 산업혁명으로 전환되고 있는 시점이구나.' 싶었다. 4차 산업혁명의 편리함을 주체적으로 주도하려면 무엇이 필요할까? 그렇다면 교육은 어떤 변화를 감지하고 대처해야 하나?

한국과학기술기획평가원의 차두원 박사는 미래의 직업이 크게 세 가지로 분류[4]될 것이라고 했다. 첫째는 로봇과 인공지능을 개발하는 사람, 둘째는 로봇과 인공지능에 의해 작업 지시를 받는 사람, 셋째는 로봇과 인공지능에 그 작업을 지시하는 사람이라고 했다. 모두 필요하다. 하지만 정말 필요한 인재가 어떤 사람인지를 생각해볼 필요가 있다.

지식을 단순히 외우고 기억하는 시대는 지났다. 새로운 지식과 가치를 창출하고 활용하기 위해 어떤 역량이 필요할까? 세계경제포럼에서 제시한 21세기 인재가 갖추어야 할 핵심 역량[5]은 창의력(Creativity), 의사소통 능력(Communication Skill), 비판적 사고력(Critical Thinking), 협업 능력(Collaboration)이다.

창의력은 일상생활에서 발생하는 문제점을 해결하고 미래의 문제에 지혜롭게 대처해 가는 능력이다. 하임즈에 따르면 의사소통 능력이란 특정 상황에서 메시지를 전달하고 해석하며 서로 의미를 타협하는 능력이라고 하였다[6]. 즉 언제 어디에서 어떻게 말해야 하는지를 아는 능력이다. 비판적 사고 능력은 한 개의 질문을 가지고 다양한 관점에서 문제의 본질, 성격 등을 파악하고 가장 합리적인 해결 방안을 찾는 능력이다. 협업 능력은 다른 사람들과 힘을 모아서 일을 해내는 능력이다. 여러 사람과 함께 문제를 해결하는 최선의 방법을 모색하는 경험을 쌓는 것이다. 의사소통 능력, 비판적 사고력은 협업 능력과 함께 더 함양될 수 있다. 길이 없는 곳에서 길을 내는 능력인 4C 핵심 역량을 갖춘 인재상에 맞는 새로운 교수학습 방법이 필요하다. 학생 스스로가 지식을 재구성하고 자기 주도적으로 학습하기 위해서 학습자 중심 질문 수업이 이루어져야 한다. 질문하고 대화, 토론하는 수업이 학교 현장에서도 정확한 인식과 함께 실제적인 적용이 이루어진다면 교실 속 아이들은 미래를 살아가는 데 필요한 역량을 기르게 될 것이다.

　정학경은 《내 아이의 미래력》에서 4차 산업혁명 시대에 필요한 7가지 역량 중 하나로 하브루타를 내세웠다[7]. 미래의 문제해결은 혼자가 아니라 여럿이 협업해서 해야 한다고 보았기 때문이다. 하브루타는 짝과 함께 질문, 답, 대화를 매개로 상호작용하면서 문제를 해결한다. 관계 속에서 서로 소통하는 능력이야말로 4차 산업혁명에 반드시 필요한 지혜이다.

학생 참여형 수업들과의 관계, 결국은 말

거꾸로 교실 수업(플립러닝)

PBL(프로젝트) 수업

배움 중심 수업

토의·토론 수업

하브루타 수업

……

현재 학교 현장에서 활발하게 진행되고 있는 다양한 수업 방법들이다. 공통점은 학생 중심 참여형 수업이다.

거꾸로 교실은 교사가 공유한 디딤 영상(동영상)을 학습 전에 미리 시청하는 것이 특징이다. 교사는 '교육과정 분석 및 교과서 재구성', '활동 디자인', '디딤 수업 제작 및 공유', '수업 시간 활동 진행'의 순서에 따라 활동을 한다. 문제를 해결해 가며 학생들끼리 의견을 교환하고, 모둠 활동이 활성화되고, 평소에 소극적이던 학생들도 적극적으로 참여하는 모습을 볼 수 있다.

프로젝트 수업(Project Based Learning)은 학습자가 중심이 되어 문제를 해결해 나가는 과정을 통해 학습이 이루어진다. 학생들은 문제 인식, 문제 파악, 해결안 도출, 해결안 평가의 과정을 거쳐 문제를 해결해 나간다. 소그룹이 배울 부분을 스스로 정하고 역할을 분담한다. 이를 통해 자기 주도적 학습과 협력이 이루어진다.

배움 중심 수업은 교사와 학생의 끊임없는 질문과 토론을 통해 함께 지식을 만들어간다. 교사는 수업을 자신의 계획대로 진행되는 일련의 흐름이 아니라 학생의 다양한 사고 활동에 의한 변화 발전으로 이해한다. 수업에서 학습소외가 일어나거나 배움의 질이 저하되지 않도록 학생-학생, 학생-교사 간의 깊이 있는 관심과 신뢰 관계를 형성하는 것이 중요하다. 협력적인 배움은 자기 생각을 만들고, 나눔은 각자 다른 생각을 공유한다. 이것은 학생의 창의성을 길러가는 과정, 서로의 갈등을 조정하고, 협력하는 방법을 배워 민주 시민으로서 성장하는 과정이다.

토의·토론 수업은 의사소통을 순조롭게 하는 수업이다. 타인을 설득하면서 타인의 의견을 경청하는 대인 관계 기술의 습득뿐만 아니라 한 문제에 대해 다양한 각도에서 생각해 볼 수 있는 능력을 개발한다.

빠르게 변화하는 시대에 교육과정이 수시로 개정되면서 맞춤식 재구성이 필요하게 되었다. 교과서를 가르치는 수업이 아니라 교과서로 배우는 수업으로 바뀌었다. 교과서를 통해 서로 소통하거나 협업하는 능력을 키우는 것이다. 학생 참여 중심 수업들은 장점이 많다. 그래서 현장에서 배우려는 교사들도 늘어나고 있다. 이런 수업이 인지도가 높아지는 이유는 수업 시간에 학생들의 눈빛이 살아나기 때문이다. 이러한 수업의 공통점이 있다. 바로 말문이 트이는 것이다. 아무리 좋은 수업이여도 학생들이 말을 하지 않고 수동적

하브루타
수업디자인

인 자세로 참여한다면 교육의 효과가 나타나지 않는다.

"책의 제목은?"

"왜 이런 제목이 지어졌을까?"

하나는 정답이 있는 질문이고 하나는 정답이 없는 질문이다. 질문에 따라 학생들의 대답은 달라진다. 질문은 학생들의 말문을 트게 해주는 매개체가 된다. 하브루타는 말의 점유율이 가장 큰 짝 대화 방식이다. 질문과 대화를 하는 동안 우리 뇌는 긴장을 하면서 호기심을 갖는다. 호기심을 갖게 되면 관심이 생기고, 관찰을 하면서 질문이 자연스럽게 생기게 된다. 궁금한 것이 많아지면서 질문은 자연스럽게 많아지게 된다. 학생 스스로 알고 싶어서 계속 질문하고 공부하게 된다면 교사나 학부모는 단순한 지식만을 가르치려고 하지 않아도 된다. 궁금한 것을 스스로 찾아보는 노력을 통해 공부에 대한 즐거움을 갖게 된다. 더 어렵고 힘든 것이라 해도 도전하려고 할 것이다. 재미있고, 의미가 있으며, 몰입하는 즐거움을 주는 공부가 된다. 하나의 질문에 백 가지의 다양한 관점을 갖게 하는, 질문이 있는 교실, 행복한 아이들이 되는 것이다.

2 하브루타 들여다보기

하브루타란?

유대인이 세계 인구에서 차지하는 비율은 0.2%에 불과하나 노벨상 수장자의 30%를 차지한다. 이들이 이렇게 탁월한 이유는 기본적인 철학이 남다르기 때문이다. 유대인은 모두 한 곳만 바라보고 같은 곳으로 가면 망한다고 생각하여 백 명의 인생길이 모두 달라야 한다고 믿는다. 그래서 경쟁할 필요 없이 모두 협업하며 상대방의 의견을 온전히 수용하고 존중하는 문화를 가지고 있다. 이런 문화를 지닌 유대인들의 교육방법 하브루타를 들여다보자.

하브루타(Havruta)란 '짝', '파트너'를 의미하는 아람어이다. 히브리어의 "하베르"와 같은 말이다. 하브루타의 형태적 의미는 "짝을 지어 질문하고 대화하고 토론하고 논쟁"하는 것으로서 짝과 하나의 학습 단위가 되는 공부 방법이다.

일반적으로 말할 때 하브루타 과정에서 짝은 텍스트와 상대방이다. 텍스트를 통해 답을 찾고 답을 찾지 못한 경우 질문을 갖게된다. 이 과정에서 선입견에 따른 오류를 해소하고 더 새로운 통찰로 지식을 확장하며, 여전히 남는 의문에 대해서는 깊이 탐구한

하브루타 텍스트 학습[8]

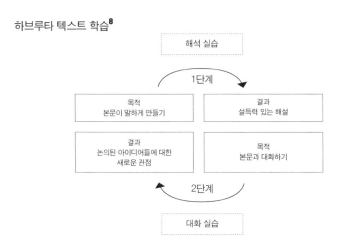

다. 그리고 같은 과정을 거친 상대방과 상호작용을 한다.

우리가 자칫하면 하브루타란 상대방과의 대화적 상호작용만을 의미하는 것으로 오인할 수 있는데 상대방과의 상호작용 이전에 텍스트에 대한 철저한 연구가 선행되어야 한다. 상호작용 중에도 끊임없이 텍스트에 대한 재해석이 이루어져야 깊이 있는 하브루타가 가능해진다.

하브루타 텍스트 학습[9]을 두 단계의 과정을 가진 학습 과정으로 정의할 수 있다. 텍스트를 이해하는 것이 첫 번째 단계이고 이해한 의미에 대해 반응하는 것이 두 번째 단계이다.

1단계는 파트너와 함께 텍스트를 해석하는 단계로 학생들 사이에 정보와 아이디어의 교환이 활발히 일어난다. 파트너와 읽기, 상호작용, 그리고 자아 성찰적 해석 연습을 통하여 '텍스트에 말을 거는' 시도를 한다. 설득력 있는 해석을 완성해간다. 다시 말해 1

단계는 텍스트에 관한 내용 이해를 위해 정보 교환이 이루어지는 단계이다.

2단계에서 학습자는 여러 가지의 대화 연습을 통해 '자기 이해'라는 목표를 달성한다. '자기 이해'는 학습자가 대화를 통해 자기 자신을 새롭게 인식하게 되는 것을 일컫는다. 학습자들은 순환적 그래프가 보여주는 것처럼, 두 단계를 계속 왔다 갔다 하는 것을 반복한다.

교사의 역할은 학생들이 이러한 사실에 대해 스스로 인식하고, 의식적인 연습을 통해 본인이 스스로 말할 수 있는 공간을 만들 수 있도록 도와주는 것이다.

하브루타 일반 수업 모형

오릿 켄트(Orit Kent)는 하브루타의 교수학습 방법으로 6가지 원리[10]를 제시하였다.

첫째, 경청하기는 짝의 말을 집중해서 듣는 것이다. 자신이 동의하지 않는 생각에 대해서도 경청한다.

둘째, 재확인하기는 자신의 생각을 명료화하여 표현하는 피드백이다. 경청하기와 재확인하기는 하브루타 시작과 이를 지속시키는 원동력이며 하브루타를 완성시키는 요인이 된다. 이때 서로 소통하며 창의적이며 다양한 의견을 낼 수 있다.

셋째, 반문하기는 물음에 대답하지 않고 되받아 묻거나 상대의 주장이나 의견에 대하여 동의하지 않는 부분이 있을 때 이의를 제기하며 질문하는 것이다.

넷째, 집중하기는 경청하여 주의를 집중하고 대안들에 대해 탐색하는 것이다. 이를 통해 대화의 방향이 결정된다.

다섯째, 지지하기는 결론이 나지 않는 문제를 지속적으로 생각하도록 격려하는 것이며, 상대에 대해 지지적인 언어, 상대의 생각 위에 생각을 덧붙여 함께 생각을 발전시키는 것이다.

여섯째, 도전하기는 생각에 대한 도전으로, 상대에게 모순이나 대립되는 내용은 없는지 주의를 기울이게 하는 것이다. 지지하기와 도전하기는 대화의 방향을 조종하고 상대방의 생각들을 더 분명히 하도록 돕는다.

이에 대해 전성수는 일반적으로 다섯 단계의 과정[11]을 거친다고 하였다.

① 도입(동기) 하브루타 : 여러 가지 재미있는 놀이나 게임, 이야기 등을 통해 뇌에 자극을 주어 뇌를 깨우는 과정.
② 내용(사실) 하브루타 : 텍스트를 읽고 사실적 내용을 이해하는 과정
③ 심화(상상) 하브루타 : 상상을 자극하는 질문을 통해 학생들

이 마음껏 상상하여 하브루타를 하는 과정

④ 적용(실천) 하브루타: 본문의 내용과 관련된 것들을 직접 실
  생활에서 실천하고 적용하는 과정

⑤ 메타(종합) 하브루타: 지금까지 나눈 것을 바탕으로 종합하
  고 정리하는 하브루타이며 선생님이 되어 정리해 가르치거
  나 사고를 확장하는 과정이다.

단계별 질문의 종류는 다음과 같다.

	내용 (사실)	상상 (심화)	적용 (실천)	메타 (종합)
누가?	내용의 사실 파악	만약 ~~라면? 만약 ~~했다면? 만약 ~~한다면? 의인화	• 유사한 경험이 있나? • 그때 어떻게 했나? • 유사한 상황에 처한다면 어떻게 할 것인가? • 대처하기 위해 무엇을 준비할 것인가?	시사점 교훈 반성할 점
언제?				
어디서?				
무엇을?				
어떻게?				
왜?				

다양한 하브루타 수업 모형

엘리 홀저(Elie Holzer)와 오릿 켄트는 하브루타를 듀이(John
Dewey)의 경험 중심 이론과 반두라(Albert Bandura)의 사회학습이

론의 측면에서 설명했다. 엘리 홀저와 오릿 켄트가 쓴《하브루타란 무엇인가》란 저서에서 하브루타의 세 가지 국면에 대해 이야기를 하고 있다. 첫째 해석적 국면, 둘째 대화적 국면, 셋째 성찰적 국면으로 해석된다고 했다. 하브루타를 세 가지 학습 기술을 포함하는 질문-답하기의 형태로 독해 연습, 대인 관계 연습, 자아 성찰 연습으로 나눴다[12].

- 해석적 국면(독해 연습): 학습자와 본문 사이의 상호작용에 집중하는 연습
  - 본문 반복해서 읽기
  - 본문 소리 내어 크게 읽기
  - 본문 풀어서 설명하기
  - 본문의 구조 분석하기
  - 개방형 질문하기
  - 다중 해석 평가하기
  - 경청하기
- 대화적 국면(대인 관계 연습): 학습자와 학습자의 하브루타 파트너 사이의 상호작용에 집중하는 연습
  - 해석의 과정에서 파트너의 의견, 질문 등을 귀 기울여 듣고 반응하기
  - 파트너에게 질문하기

- 파트너의 해석에 문제를 제기하거나 지지해주기
- 성찰적 국면(자아 성찰 연습): 하브루타 학습법에 동원되는 학습자 자신의 선입견, 가치관, 신념 등을 인식하는 연습
  - 자신의 선입견에 의해 본문 해석이 왜곡되지 않도록 학습자가 본문에 제시된 정보와 파트너의 말에 귀 기울이기

결국 이 모든 세 가지 국면은 본문과 파트너와 자신과 상호작용하는 것이다. 이는 총체적인 마음으로 발전시키고, 인격을 도야하며 공통성을 다져가는 과정이라 볼 수 있다.

이에 근거하여 전성수는 《최고의 공부법》에서 하브루타 수업의 모형[13]을 '질문 중심', '논쟁 중심', '비교 중심', '친구 가르치기', '문제 만들기' 다섯 가지로 구분하였다.

질문 중심 하브루타 수업 모형

질문 중심의 하브루타는 학생들이 본문을 읽고 질문을 만들어서 먼저 짝과 일대일 토론을 한다. 그리고 둘이서 가장 좋은 질문을 뽑고, 그 뽑힌 질문으로 모둠끼리 토론하고 그 모둠에서 가장 좋은 질문을 뽑는것이다. 모둠에서 가장 좋은 질문을 하나 뽑아서 그 질문을 가지고 집중 토론을 한 다음에 그 내용을 정리 발표하고 교사가 정리해 주는 수업이다.

| 질문 만들기 | ① 교재 읽고 질문 만들기 |

↓

| 짝 토론 | ② 만들어온 질문 유형별로 구분하기
③ 만들어온 질문으로 둘씩 짝지어 먼저 토론하기
④ 짝과의 질문 중에서 최고 질문 뽑기 |

↓

| 모둠 토론 | ⑤ 최고의 질문으로 모둠별로 토론하기
⑥ 최고의 질문 뽑기
⑦ 그 질문으로 토론하기
⑧ 토론 내용 정리하기 |

↓

| 발표 | ⑨ 각 모둠 발표하기 |

↓

| 쉬우르 | ⑩ 교사와의 쉬우르(교사가 학생 전체를 대상으로 하는 활동) |

논쟁 중심 하브루타 수업 모형

논쟁 중심 하브루타는 논쟁할 논제, 즉 이슈를 정한 다음에 그 논제를 중심으로 짝 토론과 모둠 토론을 진행하는 방법이다. 가위 바위보나 의논을 통해 논제에 대해 짝끼리 찬성과 반대 입장을 각각 정하게 한다. 집에서 인터넷이나 신문 등을 통해 조사하거나 부모의 도움을 받아 각 입장에 대한 근거 자료들을 조사한다. 각각 조사한 내용을 바탕으로 먼저 짝과 일대일 토론을 한 다음 논쟁을 통해 더 좋은 입장을 정한다. 입장을 내어놓고 모둠끼리 토론을 하고 그 모둠의 입장을 정해 근거들을 정리한다. 논제에 대한 입장과 근거들을 정리한 다음, 내용을 정리 발표하고 교사가 정리해 주는 수업이다.

비교 중심 하브루타 수업 모형

비교 중심의 하브루타는 교과서나 교재 등에서 비교할 대상을 정한 다음에 자세하게 조사하고 질문을 뽑아온 다음, 질문을 중심으로 비교 대상에 대해 다양하게 하브루타 하는 수업이다. 비교는 토론을 자극하고, 사고를 자극한다. 유사점과 차이점을 논의하고 대조하면서 다양하게 사고를 하게 된다.

비교대상 선정하기	① 비교 대상 선정하기
↓	
만들기 조사하고 질문 만들기	② 비교 대상에 대해 철저하게 조사하기 ③ 질문 만들기
↓	
짝 토론	④ 질문을 내용, 심화, 적용, 메타로 구분하여 질문 순서를 정하기 ⑤ 1:1로 짝을 지어 토론하기 ⑥ 좋은 질문 짝별로 1~3개 고르기
↓	
모둠 토론	⑦ 고른 좋은 질문을 가지고 4~6명이 모둠으로 토론하기 ⑧ 최고의 질문을 뽑아 집중 토론하기
↓	
발표	⑨ 좋은 질문과 토론 내용 발표하기
↓	
쉬우르	⑩ 교사가 학생들이 뽑은 질문을 중심으로 개념과 주제에 맞게 쉬우르하기

친구 가르치기 하브루타 수업 모형

친구 가르치기 하브루타 수업은 가르치고 배울 범위를 정한 다음에 그것을 철저하게 공부를 해오고, 서로 가르치고 배우는 수업이다. 짝의 수준은 비슷한 경우가 좋다. 서로 실력이 비슷하면 손해나는 느낌 없이 치열하게 서로 질문하고 반박하면서 공부할 수 있다. 설명을 듣는 학생은 내용을 들으면서 생기는 질문을 수시로 하면 된다.

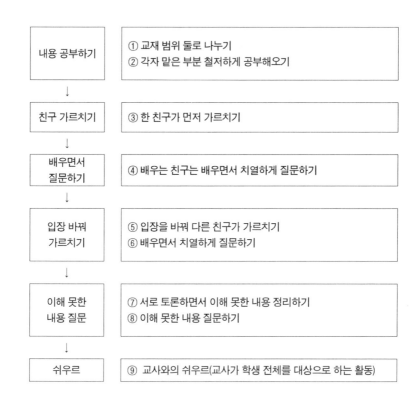

내용 공부하기	① 교재 범위 둘로 나누기 ② 각자 맡은 부분 철저하게 공부해오기
친구 가르치기	③ 한 친구가 먼저 가르치기
배우면서 질문하기	④ 배우는 친구는 배우면서 치열하게 질문하기
입장 바꿔 가르치기	⑤ 입장을 바꿔 다른 친구가 가르치기 ⑥ 배우면서 치열하게 질문하기
이해 못한 내용 질문	⑦ 서로 토론하면서 이해 못한 내용 정리하기 ⑧ 이해 못한 내용 질문하기
쉬우르	⑨ 교사와의 쉬우르(교사가 학생 전체를 대상으로 하는 활동)

문제 만들기 하브루타 수업 모형

학생들이 시험 문제를 내는 것에 대해 전혀 생각하지 못한다. 우리는 지식이 밖에 있다고 생각하기 때문에 밖에 있는 지식을 교사가 미리 공부해서 학생들에게 가르쳐야 한다고 생각한다. 효과적인 교수법이란 학생이 얼마나 공부하느냐가 아니라 교사가 얼마나 공부하느냐에 따라 결정되는 것에 가깝다. 하지만 하브루타 교육방법에서는 학생들이 지식을 만들고 학생들에게서 지식을 이끌어낸다고 보기 때문에 교사는 학생들의 배움을 도와줘야 한다.

시험 문제를 풀 때 가장 중요한 것은 그 문제를 출제한 의도를 파악하는 것이다. 의도를 파악하기 위해서는 출제자는 문제를 보아야 한다. 학생들이 시험 문제를 만들고 수정하면서 실질적인 배움이 일어난다. 문제를 풀면서가 아니라 문제를 만들면서 배움이 일어난다. 이 과정에서 문제를 파악하는 힘이 생기는 것이다.

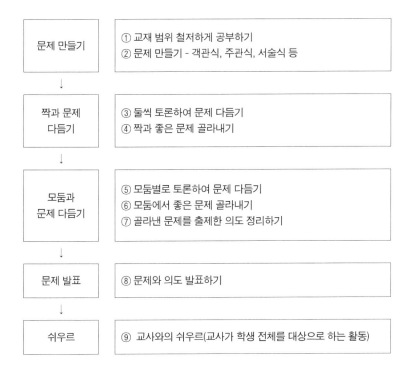

이와 같은 하브루타의 수업 모형은 다양한 교실이나 교육에 이용될 수 있다.

하브루타와 비고츠키

자신이 가진 배경지식과 경험에서 나온 질문은 생각을 자극한다. 생각은 또 다른 질문을 하게 한다. 이 질문을 가지고 짝과 함께 대화하는 과정이 하브루타이다. 이때 상대방의 말을 잘 경청하고 대화하면서 생각하는 힘을 기를 수 있다. 즉 하브루타에서는 경청과 대화가 주된 활동이므로 관계가 중요하다. 핵심은 상호 이해와 소통이 가능한 협력의 관계이다.

관계를 중시한 사회적 구성주의 대표자 비고츠키[14]는 협력의 가치와 사회적 관계에서 학습자에게 일어나는 의미 변화를 강조했다. 학습자에게 일어나는 의미 변화는 고등정신기능의 발달이다. 고등정신기능은 사회적 관계를 형성하고, 말을 배우며 사회적 행동을 하는 과정에서 발달한다.

생각은 나이가 든다고 저절로 발달하지 않는다. 새로운 것을 접해야 하고 이해해야 하며 또 실천과 반성을 통해 끊임없이 새롭게 재구성해나갈 때 생각의 발달이 이루어진다. 이 과정에서 사회적 관계를 통한 도움과 협력은 필수적이다. 도움과 협력을 체계적이고 효과적으로 진행하고자 하는 것이 바로 하브루타라고 생각한다.

사회적 구성주의에서 바라본 '하브루타'는 짝끼리의 학습 대화로 다양한 전개를 통해 또래 및 교사와의 체계적인 상호작용이 일어난다. 하브루타 수업은 질문을 통해 학습자들의 사고 과정을 자극한다. 학습의 전 과정에서 지식을 의미 있게 재구성하면서 학습자가 주도적으로 의미를 부여하고, 해석하며 이해하는 수업이다. 심도 있는 학습과 통합적 사고를 할 수 있는 학습자 중심 수업이라 할 수 있다.

하브루타 수업을 하기 위해 교사는 질문을 통해 학습자 간 상호작용을 촉진한다. 자율적이며 민주적인 교실 문화를 조성함으로써 학습자 중심 수업이 될 수 있도록 해야 한다. 학생들의 정답에 대해 '틀리다, 맞다'를 말하지 않고, 서로의 생각을 교환하며 해답이 학생들 자신에게 있다는 인식을 심어주는 것이 중요하다.

3 하브루타에 접근하기

실천이 답이다

"엄마, 아이비 잎이 말라서 살짝 만졌는데 떨어져."

"왜 그럴까?"

"내가 물을 주는 것을 잊어버렸어."

예쁜 아이비 화분을 집에 들인지 얼마 되지 않아 아이가 한 말이다. 처음에는 물을 잘 주면서 키우겠다고 호언장담하더니 실천을 못 한 것이다. 떨어지는 잎을 보고 소중히 가꾸니 잎이 다시 나기 시작했다. 작은 사례지만 생각에서 멈추는 것이 아니라 실천해야 함을 시사하고 있다.

아무리 좋은 생각이라도 생각으로 끝난다면 결과물이 있을 수 없듯이 교육 활동도 마찬가지이다. 학생의 조화로운 성장과 발달을 기대한다면 교사의 일관된 철학을 바탕으로 학교 현장에서 꾸준한 물 주기가 필요하다. 생각이 행동을 바꾸고 행동이 습관을 바꾸고 습관이 성품을 바꾸고 성품은 운명을 바꾼다. 생각하고 실천하는 힘! 그것이 진짜 힘이다.

실천을 지속시키기 위해서는 교실에서 교사의 권위적인 분위기를 깨뜨려야 한다. 권위가 있는 교실에서의 모습은 조용한 공부방을 연상시킨다. 진정한 소통과 평등, 행복한 삶을 위한 과정은 숨어 버린다. '무엇인가 배우는 것'보다 '각자 가지고 있는 지식을 나누는 것'이라는 분위기를 형성한다면 하브루타 실천은 이루어진 것이다.

더불어 학습공동체나 연구회에 참여하는 등 지속적으로 하브루타에 관해 연구하면 공동 사고와 수업 나눔을 통해 힘을 얻을 수 있다. 혼자의 힘으로 하다 보면 힘이 약해질 수 있다. 그래서 꾸준히 할 수 있는 모임이 필요하다. 교실 현장에서 실천성이 있어야 한다. 늘 연구하는 마음이 필요하다.

하브루타에 대한 생각들

- 개인의 역량에 따라 질문의 질이 달라 한계가 있는 경우는 어떻게 하는가?
- 학생 주도형 토의식 수업과 차이는?
- 하브루타에 대한 관심과 지속적인 실천을 어떻게 유지할 것인가?
- 마음 열기(동기 유발)를 어떻게 할까?
- 물론 이것 또한 다른 교육들처럼 하나의 과정에 불과하지는

않을까요?

- 한국에서 하브루타 교육이 지나치게 우상화되는 이유가 무엇인가요?

- 즐겁게 질문과 대화에 참여할 수 있는 방법은?

- 하브루타 공개수업의 보편화는 없나요?

- 생활·학습 습관으로 다져가는 발판을 어떻게 만들어가나요?

- 하브루타 수업을 추구하는 사람들의 철학이 궁금하다.

- 단위 시간 내 학습목표에 도달할 수 있나요?

- 수업에 적용을 어떻게?

- 수업 내용과 관련이 없는 질문에 대한 대처법이 무엇인가?

- 질문 만들기가 어렵고 시간이 너무 많이 소요된다. 이를 해결할 방법이 있는가?

- 인성 교육에서 하브루타를 어떻게 하나요?

설문조사를 실시한 결과 150명의 응답자가 말한 하브루타에 대한 궁금증들이다. 2장~5장에서 궁금증을 다소 해결하겠지만 몇 가지 분류하여 다음과 같이 공유하고자 한다.

짝은 어떻게 만들어야 하나요?

"이상하고 엉뚱한 질문을 해요."

"관심이 없어요."

"질문을 해도 답을 안 해요."

"재미없어요."

"저랑 너무 달라서 부담스러워요."

하브루타를 하다 보면 종종 이런 학생들이 나온다. 교사는 이런 경우를 대비하여 짝 바꾸기를 한다. 그러나 잠깐이라도 그 짝과 만나는 것을 싫어하는 경우가 있다. 짝이 싫은 것은 기질 차이일까, 수준 차이 때문일까? 이럴 때를 예상하여 비슷한 학생끼리 하브루타 짝으로 해야 한다고 생각하는 교사가 많다.

기질 차이 때문이라고 생각하면 비슷한 성향의 친구를 만났을 때 공감대가 형성되어 안정감 있는 재미를 느낀다고 생각한다. 그러나 성향이 다른 짝과 하브루타를 할 때에도 또 다른 재미가 있다. 각자 타고난 기질이 다르고 살아온 환경, 배경지식이 다른 친구들과의 대화는 신선하고 흥미를 유발하기에 그 자체로 재미와 나눔의 기쁨을 준다. 자신과 다른 생각을 하는 친구의 이야기를 들으며 자신이 가진 생각의 틀에서 벗어나는 즐거움을 준다. 기질, 성향이 비슷한 친구를 만나는 것도 의미 있지만 다른 성향의 친구를 만나는 것도 의미가 있다. 단순한 학습 질문, 삶을 고민하게 하는 질문 등 여러 측면의 질문에 기초한 짝과의 끊임없는 대화 속에서 진지한 학습과 자기반성이 일어나기 때문이다.

수준 차이 때문이라고 생각하면 배경지식을 떠올리게 된다. 배경지식에 따라 질문의 깊이가 다르다. 서로 질문하면서 자신이 아는 것과 모르는 부분을 되짚어 보게 된다. 상대가 원하는 질문일 수도 있다. 한계는 있지만 모든 사람이 같은 환경에서 살아온 것이 아니기에 질문이 다양할 수밖에 없고 수준 차이 또한 존재한다. 짝이나 어른과 함께 한다면 혼자 질문할 때보다 더 넓은 근접발달영역이 창출되고 혼자 할 수 없는 질문을 하게 된다. 질문을 못 받은 사람들에게 "질문 빌려줄 사람?"을 물어 받도록 한다. 질문의 수준 차이에 얽매이지 않는다. 질문의 차이를 따지기보다 서로의 질문을 통해 사고의 폭을 넓혀주어야 한다.

하브루타의 짝을 '자신보다 뛰어난 사람', '자신과 비슷한 사람', '자신보다 낮은 사람'으로 나누는 경향이 있다. 논어에 "삼인행 필유아사[三人行 必有我師]"란 의미의 글귀가 있다. '세 사람이 길을 가면 반드시 나의 스승이 있을 터이니, 그 옳은 바를 택해 따르고 그른 바를 고쳐갈 것이다.'라는 의미이다. 세 사람 가운데 나보다 더 나은 사람이 한 사람 이상 있다기보다는, 나보다 못한 사람에게서도 배울 점이 있다는 말이다. 즉, 사람은 누구한테서나 배워야 한다는 말이다. 짝에서도 비슷한 친구와 만나는 것이 좋지만 자신보다 뛰어난 친구나 낮은 친구 또한 짝이 되어도 좋다. 더 좋은 능력의 친구에겐 많은 걸 배울 수 있고, 낮은 위치의 친구에게는 가르치는 경험을 쌓을 수 있다.

하브루타도 하나의 유행이 아닌가요?

달라지는 사회, 4차 산업혁명의 시대! 교사는 시대에 발맞춰 인재를 양성하기 위해 끊임없이 연수를 찾는다.

"추천해줄 만한 연수 없어요?"

"요즘 〇〇〇연수가 대세잖아. 들을 만해"

추천 받은 연수를 선택할 때 철학보다 새로운 테크닉을 얻을 수 있는지에 초점을 두는 경우가 많다. 뭔가 요즘의 방법들을 따라하지 않으면 안 될 것 같은 조바심도 있다.

2000년대 초반에 열린교육의 열풍이 휘몰아친 적이 있다. 교실 복도의 벽을 허물었다. 기술적인 테크닉으로 받아들인 결과로 인해 열린교육은 현장에서 실패의 경험으로 남아있다. 하브루타도 하나의 유행처럼 받아들여져 사라질지도 모른다는 우려가 높다.

유대인들의 하브루타는 3500년의 역사가 있다. 유대교의 중요한 경전인 토라에서 유래된 공부법은 일상으로 확대되어 가정에서도 토론은 흔한 일이다. 가족 식탁에서 질문을 주고받으며 직장에서도 마찬가지이다. 늘 질문하고 토론하고 소통하고 더 나은 의견을 만들어가는 문화가 있다.

우리나라에서는 전성수가 2012년 쓴 《부모라면 유대인처럼 하브루타로 교육하라》가 나오면서 알려지게 되었다. 그 후 2014년 《질문하는 공부법, 하브루타》,《최고의 공부법》이 나오면서 교육에 본격적으로 들어오기 시작했다. 우리나라에는 일상 문화가 아니라 하나의 교육 기법으로 다가왔다. EBS〈다큐프라임-왜 우리는 대학에 가는가〉에서 질문하지 않는 교실과 오바마의 기자회견, 말하는 공부법에서 보이는 유대인의 공부법은 가히 폭발적인 이슈를 가져왔다. 2015 개정 교육과정에서는 하브루타가 토의, 토론의 교육방법으로 반영되었지만 문화로 정착되지는 못했다. 하나의 문화로 정착되기 위해서는 10년 이상이 걸린다. 문화로 자리 잡기 위해서는 학교는 물론 가정에서도 변화가 일어나야 한다. 학교교육의 변화는 대안이 될 수 있지만 가정과 함께 하지 않는다면 문화로 자리 잡을 수 없기 때문이다.

우리나라도 하브루타와 비슷한 문화가 있었다. 세종대왕이 신하들과 함께 한 경연, 붕당정치이다. 일제강점기에 들어서 붕당정치가 사라지고 토론하는 문화가 끊어져 버렸다. 결국 지속하지 못하고 끊겨버린 우리의 것을 일깨워 되살려야 한다.

하브루타는 많은 장점을 가지고 있어 더 매력이 있다. 서로 의견을 주고받으면서 자연스럽게 상대방의 말을 경청하게 되고 이해할 수 있는 의사소통 능력을 기를 수 있다. 하브루타는 파트너와 함께 서로를 가르치고 서로에게 배우면서 자기 주도적 학습을 하기 때문에 일방적으로 지식이나 정보를 주입하는 교육법보다 이해력과 기억력을 향상시킬 수 있다. 이렇게 장점이 많은 하브루타는 문화가 될 수밖에 없다.

하브루타는 하나의 문화이다.

단위 시간 내 하브루타 수업이 가능한가요?

하브루타 수업하면 떠오르는 단어들은?

질문, 질문 만들기, 짝, 대화, 토론, 유대인, 생각, 설명하기, 학생 참여, "네 생각은 어때?" 등이다. 하브루타 수업에서 가장 중요한 것은 질문 만들기, 짝과 함께 하는 것, 묻고 답하기다.

하브루타 수업을 하는 데 텍스트를 읽고 질문을 만들어야 한다는 고정관념을 가진 교사들이 많다. 하지만 하브루타 수업에는 다양한 모형들이 있고 적용하는 시간 조절이 가능하다. 단위 시간 동안 온전히 하브루타를 하기에는 무리가 있는 수업도 있다. 이런 경우 미리 잘 구상하여 수업을 디자인해야 한다. 그러나 수업 동기 유발 단계, 정리 단계에서 간단한 하브루타 설명하기를 도입해도 된다. 편하고 간단하게 하브루타를 시작하면 된다. 하브루타는 어떤 틀, 매뉴얼에 얽매이지 않아도 된다.

단위 시간 내 하브루타를 하기 위해 몇 가지 준비가 필요하다. 먼저 질문 만들기가 관건이다. 학생들은 평소 질문을 만드는 것에 서툴고 부담도 갖고 있다. 그래서 놀이로 질문 만들기를 접하게 했다. 답을 주고 질문을 만들어보는 라파엘 질문 생성 전략을 활용한다. FIM Q카드를 활용해 질문에 익숙해지도록 하고 질문의 묘미와 재미를 느끼도록 해준다. 어느 정도 익숙해지게 하고 교과에 적용할 수 있다. 첫 시작이 매우 중요하다.

다음으로, '틀려도 괜찮아!'라는 분위기를 만드는 것이 가장 중요하다. 자신 없는 정답보다 자신 있는 오답이 맞다고 이야기하고 틀린 답을 자신 있게 답하게 한다. 예를 들어 '2+1=?'의 질문에 일부러 '4', '5'라는 대답을 하는 경험을 갖게 한다. 학생들은 매우 즐겁게 답하며 우리 선생님은 틀린 답을 해도 그대로 수용해주신다고 믿게 된다. 또, 교사는 정답을 말하기보다 학생의 질문에 질문으로 답하여 생각을 하도록 한다.

마지막으로, 적절한 시간 조절이다. 주어진 시간 내에 짝과 함께 하는 하브루타 시간을 조절해야 한다. 수업의 방향에 따라 교사는 의도를 가지고 쉬우르를 생략하는 등 주어진 시간을 활용한다. 강의식 수업을 하더라도 30분 수업을 하고 10분 설명하기 하브루타를 할 수 있다.

하브루타는 다양한 교과에서 충분히 활용 가능하다. 기본적인 단계에 대해 학생들이 하브루타 수업 방법을 알고 익숙해지도록 기회를 주면 단위 시간 내 하브루타 수업은 가능하다. 젓가락을 사용하는 방법을 단계적으로 지도하듯이 하브루타 수업도 마찬가지다. 이 책 2~5장에서 다양한 방법들을 제시했다. 참고하여 지도한다면 단위 시간 내 하브루타 수업은 가능하다.

하브루타와 토의식 수업의 차이는 무엇인가요?

'토의'란 해결할 공동의 문제에 대하여 정보와 의견을 주고받은 뒤에 가장 좋은 해결책을 찾는 것이다. 토의를 하기 위해서는 주제를 정하고 그 주제가 지닌 문제점을 이해해야 한다. 그리고 문제를 해결하기 위한 여러 가지 방안들을 검토한 뒤에 최선의 해결 방안을 선택하고 실천 의지를 갖는다.

하브루타는 나이, 계급, 성별에 관계없이 두 명이 짝을 지어 서로 질문하고 대화, 토론, 논쟁하는 교육방법이다. 유대교 경전인 탈무드를 공부할 때 사용하는 방법이다. 스스로 답을 찾고 새로운 해결 방법을 찾아가고 새로운 아이디어를 끌어낼 수 있다. '두 사람이 모이면 세 가지 의견이 나온다.'는 이스라엘 격언은 이런 문화에서 나왔다.

차이점은 첫째, 질문이다. 하브루타는 질문으로 시작해서 질문으로 끝난다.

하브루타수업연구회(전성수 외 6인)는 《질문이 있는 교실》에서 '생각'과 '생각의 표현'의 관계는 빙산의 보이지 않는 부분과 보이는 부분의 관계와 같다고 하였다[15]. 토의와 하브루타도 자신이 가진 생각을 말로 표현한다는 공통점을 가지고 있다. 하브루타와 토의는 비슷한 부분이 많다. 하지만, 차이를 말한다면 '질문'과 '짝 대화', '주제'이다.

토의는 하나의 주제에 대한 의견을 나누기 때문에 질문을 만드는 활동이 별도로 존재하지 않는다. 하지만 하브루타는 질문을 통해 짝과 대화를 하는 활동이다. 질문이 좋아야 생각을 날카롭게 할 수 있다. 항상 의문을 가지고 질문을 하고, 답하며 또 다른 질문으로 답한다. 탈무드는 '더 좋은 질문은 더 좋은 해답을 얻어낸다.'라고 말한다.

둘째, 짝 대화이다.

토의는 합리적인 의사결정을 위해 2명 이상이 모여 의견을 모으는 활동이 대부분이고 짝과 상호작용할 시간이 간과된다. 모둠 상호작용을 가기 전 거쳐 가는 짝 활동에 불과하다.

그러나 짝 대화는 하브루타의 핵심 요소이다. 1:1로 이루어지면 각자에게 주어지는 선택이 딱 2가지이다. '듣기'와 '말하기'이다. 서로의 의견에서 갈등이나 모순, 중심 생각 등을 찾아내기 위해 집중적으로 분석하고 경청한다. 그래서 대화의 점유율이 짝으로 이루어진 활동인 경우가 가장 높다. 낙오되거나 무임승차하는 경우가 없이 친구의 말을 주의 깊게 듣게 된다. 상대의 말에 집중하고 경청하는 자세가 자연스럽게 길러진다.

셋째, 주제이다.

토의의 절차는 토의 주제 정하기에서 시작한다. 주제가 제시되어있거나, 공동의 문제이며 여러 가지 해결 방법이 제시될 수 있는 것으로 선정한다. 토의 주제 선정 과정에는 교사의 의도가 반영되기도 한다. 그러나 하브루타는 학생들의 다양한 질문과 답을 주고받으며 하나의 질문을 주제로 선정하여 더 깊은 이야기를 나누는 것(쉬우르)으로 진행된다. 진정 학생이 주도하는 토의인 셈이다.

하브루타 문화의 결실을 맺기 위해

봄에는 공감과 소통의 씨앗을 뿌리고

여름에는 질문으로 물을 주며

가을에는 대화의 열매가 맺혀

행복과 성찰의 계절 겨울을 고대한다.

2장

하브루타와 함께하는
사계절 이야기

하브루타 학급을 운영하기 위해서는 지속성과 일관성이 필요하다. 물리적, 심리
적 환경이 구축되어야 한다. 하브루타 수업 적용을 위해 비학습적인 요인들을
시기적으로 제시한다. '하브루타로 1년 살기'에 도전해보자.

1 온기가 머무는 봄에

봄은 겨우내 잠들었던 생명력이 꿈틀거리고 따스한 햇살이 빛나는 계절이다. 3월은 설렘과 두근거림으로 시작한다. 새로운 만남, 새 교실 등 새로움은 기대감을 갖게 한다. 1년을 함께할 우리 반 아이들과 어떻게 학급을 세워갈 것인지 첫 단추를 잘 끼워야 한다. '시작이 반이다.' 처음에는 낯설고 힘든 상황들이 연출될 수 있지만 질문이 주는 선물을 열어보자!

하브루타의 발판인 관계 맺기

하브루타는 짝과 함께 이야기를 나누는 것이 주된 활동이다. 학기 초 담임과 새로운 친구들과의 어색한 분위기에서는 활발한 이야기를 나누는 것에 한계가 있다. 하브루타 학급운영을 위해서는 관계 맺기에 중점을 두어야 한다. 관계 맺기를 위해서는 놀이로 다가가는 것이 초등학생에게 가장 좋다. 그래서 학기 초 만남에서는 '이웃을 사랑하십니까?', '과일 바구니', '여우와 토끼' 등과 같은 교실 놀이를 많이 한다. 질문에 대한 두려움을 없애고 자연스러운 분위기 속에서 하브루타의 초석을 다지기 위해 다음에 소개하는 활동으로 3월을 시작하는 것이 좋다.

네임텐트

첫 만남에는 네임텐트를 통한 자기소개를 하면 좋다. 소규모 학교에서는 몇 년을 같이 지내 와서 대부분 잘 알고 있다. 대규모 학교에서는 알고 지낸 친구도 있지만 새로운 친구를 만나기도 한다. 자신을 소개하고 친구들의 질문을 통해 자신을 알리는 시간을 갖는다면 새로운 친구는 물론, 알고 지내던 친구의 새로운 면도 알게 된다.

방법

① A4 용지 한 장을 나눠주고 가로로 4등분이 되도록 접게 한다.

② 가운데 부분에 자신의 이름을 쓰고 예쁘게 꾸며 네임텐트를 완성한다. 완성한 학생들은 친구에게 질문할 것을 미리 준비한다(네임텐트에는 장점, 이름, 꿈 등을 적는다).

③ 한 명씩 자기소개를 시작한다. 각자 이름과 네임텐트를 꾸민 이유를 말한다.

④ 자기소개를 한 친구에게 궁금한 것을 질문한다.

⑤ 질문을 받은 친구는 답변한다. 당황스럽거나 답하기 곤란한 질문은 '패스'도 가능하다(패스의 규칙은 학급별로 정한다).

⑥ 반 전체가 자기소개를 마치면 네임텐트를 책상 위에 놓고 3

월을 보낸다. 이후 이것을 환경판으로 활용해도 좋다.

하얀 거짓말

친구에게 자연스럽게 질문을 할 수 있는 놀이이다. 함께 질문하고 답하면서 서로에 대한 친밀감이 상승하면서 관계를 맺는 것이다. 하얀 거짓말을 통해서는 친구를 더 깊게 알 수 있으며 자신과의 공통점과 다른 점도 알 수 있다. 서로의 마음을 열어주는 계기가 된다.

방법

① A 학생은 자신이 가지고 있는 사실 4가지와 거짓 1가지를 적는다.

② A 학생은 5가지를 친구들에게 공개한다.

③ A를 제외한 친구들은 질문을 할 수 있다. 질문의 개수를 한정해도 좋다.

④ 질문을 들은 A 학생은 반드시 답변한다.

⑤ 친구들은 A 학생의 하얀 거짓말을 찾는다.

⑥ A 학생은 하얀 거짓말을 공개하고 자신에 대한 사실 4가지를 다시 말한다.

⑦ 반 전체가 할 수 있도록 진행한다.

※ 모둠으로 주제를 선정하여 진행시에도 같은 방법으로 진행한다(예,

모둠원의 공통점).

눈 맞춤으로 친구 얼굴 그리기

눈 맞춤은 시선과 시선을 맞추는 것을 의미한다. 상대방의 눈을 바라보며 이야기하는 것은 상대방에 대한 존중, 존경, 경청을 뜻한다. 관계 형성에 매우 중요하게 작용한다. 강압에 의하거나 상대방을 믿지 못하거나 성의가 없는 대화에서는 진지한 눈 맞춤(아이컨택)을 하지 못한다. 3월 초 학생들의 관계 형성을 돕고 친구 관계를 알 수 있는 기회가 된다.

방법
① 정면으로 마주보고 앉는다(책상을 돌려 마주보도록 배치한다).
② 10초간 눈 맞춤을 한다(시선을 피하거나 장난으로 하지 않도록 한다).
③ 교사는 학생들에게 "기분이 어때?"라는 질문을 던진다.
④ 서로의 기분에 대한 이야기를 나눈다.
⑤ 교사의 쉬우르를 통해 눈 맞춤의 중요성을 안내한다.
⑥ 학습지를 나누어주고 상대방의 눈만 바라보며 친구의 얼굴을 그린다.
⑦ 다 그리면 "어떤 말을 들으면 기분이 좋아?"라는 질문을 한다.

[그림 1] 친구 얼굴 그리기 작품

⑧ "왜 그 말을 듣고 싶어?"라는 질문으로 서로 이야기를 나눈다.

⑨ 가장 듣고 싶은 말을 친구 얼굴 그림에 적고, 직접 말해주면서 선물한다(듣고 싶은 말은 예쁘게 꾸며주면 좋다).

이름(한자 이름)으로 질문 만들기

'태어나 처음 선물을 받은 것이 무엇일까?' 나 자신도 생각해 본적이 한 번도 없었다. 행복한 아이로 자라길 바라는 소망으로 만들어진 선물. 바로 이름이다. 우리나라는 한자 이름으로 되어 있는 경우가 대부분이다. 하지만 아이들은 한자 이름을 잘 알지 못한다. 자신의 이름에 숨은 뜻을 알고 소중한 자아를 느낀다면 친구도 소중하다는 것을 배울 수 있다. 학기 초 친구들의 이름을 의미와 함께 기억할 수 있다.

내 이름 알아요?				
■ 내 이름이 가진 숨은 뜻을 알고 있나요? ■ 하브루타로 나의 이름이 가진 뜻을 알아보고 소중한 자신을 느껴보세요.				
이름				
한자				
질문 만들기				
1				
2				
3				
4				
5				
6				
7				
8				
9				
10				
아하! 내 이름에 이런 뜻이…				

방법

① 학습지에 자신의 이름을 적는다. 한자 이름도 적는다(한자 이름을 미리 알아오도록 하면 좋다).

② 짝과 학습지를 바꾼다.

③ 친구의 한자 이름의 뜻을 보면서 다양한 질문을 적는다.

④ 질문 만들기가 끝나면 서로 마주보고 앉는다.

⑤ 무릎을 맞대고 눈 맞춤을 하고, 하나씩 물어본다.

⑥ 묻고 답하면서 자신의 이름 속에 담긴 뜻을 찾아간다.

⑦ 학습지 마지막에 자신의 이름에 담긴 뜻을 쓴다.

⑧ 반 전체가 한 명씩 돌아가며 자기 이름을 소개한다.

⑨ 이름의 의미를 언급하며 교사의 메시지를 적는다.

⑩ 학습지를 롤링 페이퍼처럼 돌려도 좋다.

하브루타의 학급 규칙

학급을 운영하기 위해서는 학급 규칙이 필요하다. 하브루타도 1년 동안 순조롭게 실시하기 위해 기본적으로 라포르(rapport) 형성이 가장 중요하다. 하브루타를 안내하고 실시하기보다는 규칙이 필요하다. 규칙을 만드는 것도 반 아이들과 함께 의견을 주고받으며 모으는 것이 중요하다.

"하브루타를 할 때 무엇이 중요할까요?", "어떤 행동을 할 때 기분이 좋을까요?", "어떤 방법이 필요할까요?" 등 다양한 질문을 통해 필요한 덕목이나 가치를 모은다. 모은 가치들 중에서 피라미드 토론을 통해 3~5가지를 정하도록 한다. 만약, 교사가 의도한 규칙이 나오지 않는 경우 한 가지 정도는 제시하여도 좋다.

[우리 반 하브루타의 규칙 - 예시]
1. 대화를 나눌 때는 꼭 친구의 눈을 본다.
2. 친구의 말을 끝까지 마음으로 듣는다(경청).
3. 말을 하는 도중 끼어들지 않는다.
4. 친구의 말을 비난하거나 판단하지 않는다.
5. '아~ 그럴 수도 있겠구나!'라고 다름을 인정한다.

하브루타의 맹모삼천지교

초등학생은 주변의 환경에 의해 많이 좌우된다. 질문에 많이 노출되는 환경은 질문에 대한 거부감을 없애고 늘 생각하는 기회를 제공한다. 호기심으로 주변을 바라보게 되며 이는 학습에 대한 내적 동기로 연결된다. 질문은 마음을 열게 한다. 나의 생각과 친구의 생각이 다름을 알게 되며 친구들의 생각을 존중하게 된다. 맹모가 자녀 교육을 위해 이사를 한 마음과 같이 교사는 하브루타 기반 마련을 위해 환경을 잘 조성해야 한다.

질문 노트 마련

하브루타 수업을 진행할 때마다 학습지를 마련하기는 쉽지 않다. 줄 공책 하나를 질문 노트로 만들어 자신이 질문한 내용을 모으면 좋다. 평소에도 궁금한 내용을 적어가는 습관을 만들면 질문하는 것을 어렵게 생각되지 않고 재미있게 느낀다. 자신의 사고과정을 돌아보는 시간을 갖게 되고 성취감이 생긴다. 호기심을 자극하고 생각의 힘도 걸러진다.

질문 노트 속지 양식

날 짜:	

〈알게 된 점〉

■ 지식코인: 알게 된 점

■ 지식투자: 더 궁금한 점

마따호쉐프 질문 광장

평소 궁금한 내용들을 생각만 하고 지나치는 경우가 많다. 궁금한 내용을 해결하고 싶은 경우가 생겨도 혼자 생각하다 멈추는 경우가 대부분이다. 특별히 호기심을 해결하고자 하는 의지가 없다면 말이다. 함께 해결해 나가도록 하는 환경이 중요하다. 모두의 궁금증이 적힌 게시판이 필요하다. '마따호쉐프 질문 광장'은 누구나 어떤 질문이든 적을 수 있는 공간이다. '마따호쉐프'는 '너의 생각은 어때'라는 뜻을 지닌 유대인의 언어(히브리어)이다.

질문이 있는 교실에서는 하찮은 질문이란 없다. 내가 갖는 궁금증과 친구가 갖는 궁금증이 같을 수도 다를 수도 있음을 알게 된다. 게시판 옆에는 늘 필기구와 포스트잇을 준비하여 자유롭게 접할 수 있게 한다.

질문을 읽은 학생들은 답변을 써도 좋다. 단, 포스트잇을 연결해서 붙이도록 하며 답변을 적고 질문 하나를 추가로 적어 릴레이가 될 수 있도록 한다.

한 가지의 주제를 주고 학생들의 호기심을 불러일으키거나 궁금한 점을 미리 알아 수업에 참고하고자 할 때도 활용하면 좋다.

한 달 동안 게시된 질문 중 가장 흥미로운 질문을 골라 이 달의 '마따호쉐프상'을 주면 자극이 되고 좋다. 단, 교사는 인기나 재미를 위한 투표가 되지 않도록 주의해야 한다.

[그림 2] 마따호쉐프 질문 광장 게시판

글 & 그림에게 말 걸기

학생들은 글보다 시각적인 이미지에서 정보를 쉽게 습득한다. 학생들의 수준을 파악하여 교과서에 있는 참고 작품을 '그림에게 말 걸기' 게시판에 부착한다. 학생들이 게시된 작품을 보며 질문을 할 수 있도록 환경을 조성한다. 작품 감상이 자연스럽게 되면서 미술 비평으로 연결될 수 있는 좋은 기회이다.

[그림 3] 글 & 그림에게 말 걸기 게시판

마음 샘물

마음의 샘물[16]도 눈에 보이는 시각적인 효과를 노린 것으로 마음을 보여주는 활동이다. 동화 '숟가락'을 읽어주며 마음의 중요성을 알려준다. 나쁜 마음과 좋은 마음을 모두 적어본 후 분류해본다. 이후 자신이 적은 나쁜 마음을 읽으면서 검정물을 붓는다. 그리고 좋은 마음을 읽을 때 깨끗한 물을 붓는다. 한 곳에 붓기 때문에 물색이 변한다. 물색이 탁하고 맑은 정도로 자신들의 마음을

[그림 4] 마음의 샘물 교실 환경

바라보게 되는 활동이다.

이런 활동이 끝나면 교실 한 쪽에 '마음의 샘물통'을 두고 탁한 물과 맑은 물을 부을 수 있도록 자리를 마련해둔다.

하브루타 신호 켜기

학생들은 시작종과 함께 수업을 준비하고 마음을 다잡는다. 교사는 학생들이 단위 목표에 도달할 수 있도록 적극적인 참여를 유도한다.

하브루타도 준비 과정이 필요하다. 학생도 교사도 학부모도 잘 모르고 시작하는 하브루타는 질문만 하면 되는 것으로 오해하고 끝내기 쉽다. 질문은 생각을 자극한다. 쉽게 생각하고 대충 접하기보다 학생-교사-학부모가 하브루타의 묘미를 알고 시작하는 것이 좋다. 3박자가 맞았을 때 훌륭한 오케스트라가 연출된다.

학생의 신호 켜기

발달단계상 어릴수록 자기중심적인 성향이 강하다. 어릴 때부터 하브루타를 접하고 친구와 많은 이야기를 나누면 서로의 생각이 다름을 자연스럽게 습득하게 된다. 다름을 인정하고 모두의 생각이 소중하다는 것을 느낄 수 있는 기회를 제공하는 것이 중요하다. 또한, 하브루타의 필요성을 인식시키는 것도 중요하다.

학생들의 생각이 서로 얼마나 다르고 다양한지 알게 하기 위한 활동으로 광고 알아맞히기 활동을 하면 좋다. 광고 알아맞히기 활동은 광고의 한 장면을 보여주고 어떤 광고인지 맞히는 활동이다. 기발하고 다양한 광고 맞히기는 오답이어도 창피해하지 않는다. 오히려 그런 학생들이 있을수록 재미있고 웃으면서 자연스럽게 '아, 그렇게 생각할 수도 있구나!'를 알게 된다. 다름을 알게 된다는 것은 쉬운 것 같지만 어렵다. 모두 자신과 같다는 생각에서 작은 다툼도 생기는 것이다. 이런 활동으로 다름을 인정한다면 하브루타의 준비가 된 것이다.

흥미로운 주제의 하브루타를 몇 번 한 후 학생들에게 꼭 보여줄 영상이 있다. 하브루타가 왜 좋은지, 필요한지를 알려주는 대표적인 영상이라고 해도 과언이 아니다. EBS 〈다큐프라임-왜 우리는 대학에 가는가?-5부 '말문을 터라'〉[17]에서 예시바 대학을 다룬 영상이다. 조용한 공부방과 시끄러운 공부방(설명하며 친구들과 이야기하는 공부방)을 운영한 후 시험을 본다. 시험의 결과는 시끄러운 공부방이 더 우세했다. 이런 동영상을 보여주면서 친구와 함께 대화하고 설명하고 논쟁하는 공부 방법인 하브루타를 다시 한번 안내한다.

교사의 신호 켜기

자기 주도적 학습이 되어야 하며 인성도 갖추어진 학생으로 성장시키기 위한 노력들이 한창이다. 무엇이 옳고 그르다고는 할 수 없다. 하지만 최선의 길이 있고 최적화된 환경은 존재한다. 미래를 살아갈 학생들은 주어진 것만 잘해서는 안 된다. 어떻게 하면 더 좋은 방법이 있는지, 무엇과 무엇이 융합했을 때 효과를 발휘할 수 있는지를 살펴보며 혼자가 아닌 여럿이 함께 힘을 합쳐야 한다. 하브루타는 함께 가는 수업이다. 이를 교실에 적용하기 위해서는 학생도 학부모도 아닌 교사의 인식 전환이 가장 먼저 이루어져야 한다.

부끄럽지만 과거에 수업을 진행하면서 흐름을 끊는 질문을 하는 학생이 미웠던 적이 있었다. 학교행사와 체험활동으로 부족해진 교과 수업을 진행해야 하는데 자꾸 다른 길로 가려는 학생이 불편하게 느껴진 순간도 있었다. 하지만 하브루타를 접하고 교실에 적용하면서 교사의 신념에 따라 학생들이 지내는 1년이 달라짐을 알게 되었다.

교사는 어떤 질문이라도 받아줄 마음의 준비를 하고 허용하는 자세를 지녀야 한다. '너희들의 질문은 늘 받아줄 준비가 되어있단다.'란 마음의 일관성을 지녀야 한다. 일관성 없이 어느 날은 받아주고 칭찬하면서 어느 날은 달갑지 않은 표정으로 무시해서는 안 된다. 정답을 요구하지 않고 다양한 생각을 수용해주는 교사의 마음을 담는 책을 읽어주며 분위기를 형성한다. 대표적인 책으로 동화책《틀려도 괜찮아》(마카타 신지 글, 하세가와 토모코 그림, 유문조 옮김, 토토북, 2006)를 추천한다.

교사의 준비는 이것이 전부가 아니다. 1년 동안 함께할 학생들의 실태 파악이 중요하다. 특히, 하브루타는 짝과 함께 대화하는 것이다. 내성적인 아이나 소극적인 아이들은 힘들어할 수 있다. 또, 자신의 생각을 굽히지 않은 강한 학생들과 짝을 이룬 학생은 힘든 경우가 발생한다. 이를 미연에 예방하기 위해 짝 선정, 모둠 구성 등을 하기 위한 학생 실태 파악이 필요하다. 자존감 검사 또는 도형 상담, MBTI 등으로 기질을 파악하면 좋다. 하브루타가 기존의 독서 토론과 다르지 않다고 생각하는 분도 있고 질문만 하면 된다는 분도 있다. 하브루타에 대한 원격 연수 및 관련 도서를 읽는다. 하브루타에 대한 교사 자신의 역량 강화에 도움이 된다.

교사는 학생과의 만남이 아닌 또 다른 만남도 있다. 학부모이다. 학생과 교실에서 하브루타를 했지만 가정과 연계하지 않으면 효과는 당연히 적다. 질문이 중요하고 무엇이든 받아준 교실 환경과 질문을 하면 쓸데없는 것을 물어본다는 가정 환경 사이에서 학생들은 갈등할 수밖에 없다. 대부분 교사는 학부모와의 소통의 장을 마련한다. 학교 홈페이지, 블로그, 밴드 등 다양한 커뮤니티를 활용한다. 학급 생활을 안내하고 보여주기에는 정말 좋다. 교사가 필요한 내용이나 교육에 도움이 되는 내용 등을 학급 소식지나 신문, 월간지를 만들어 가정에 배부하면 좋다. 학급 하브루타 월간지로 각 가정의 대화 시간이 늘어나고 하브루타에 대한 관심이 생기기 시작한다. 학급 하브루타 월간지에 대한 것은 5장에 있는 '하브루타 월간지'를 참고하기 바란다.

학부모의 신호 켜기

학부모들이 학생인 시절의 교육방법은 주입식 교육 위주였다. 그래서 교사 주도 수업에 익숙한 학부모들의 인식을 학생 중심 참여형 수업으로 전환하는 것이 쉽지 않다. 하지만 모든 학부모들의 바람은 자녀들의 행복이다. 행복이란 공동의 목표를 가지고 적극적으로 학부모의 신호 켜기를 도와야 한다.

학기 초 교육과정 설명회(총회)가 열린다. 공개수업을 하기도 하고 면담 또는 상담으로 이어지기도 한다. 이때, 학급에 대한 운영

방침으로 하브루타를 소개하고 간단한 설명과 함께 영상을 보여 드리면 좋다. 그리고 학급 하브루타 월간지에 대해 언급하면서 질문의 중요성을 강조한다.

신학기 상담 주간에 찾아오시는 학부모와는 미리 상담 체크 통지서를 보내고 성향을 알 수 있는 질문지를 보내 맞춤 하브루타를 준비해두면 좋다. 교사와 진행된 1:1 하브루타를 통해 하브루타가 생각을 키워준다는 인식을 갖게 되면 성공이다. 추후 학부모 교육도 진행하면 좋다.

2 질문이 살아나는 여름에

여름은 실록의 계절, 녹음이 우거지고 에너지로 충만하다. 태양의 강렬함에 신선하고 풋풋했던 연두빛 기운들은 초록빛으로 무성해지고, 신체 움직임이 역동적으로 바뀐다. 몸과 마음이 주변 사물에 대해 호기심을 가지고 즐겁게 반응하고 있다면 좀 더 열정적으로 달콤함과 시원함의 조화, 팥빙수 같은 하브루타 속으로 빠져보자!

하브루타로 아침 열기

사제동행 아침 독서 활동을 하는 학급이 많이 있다. 학기 초에 의욕을 가지고 친구들과 '아침 독서를 꼭 해야지' 하는 다짐을 하고 시작하지만 잘 되지 않는 것도 사실이다. 교사가 짬을 내어 책을 읽고 있으면 학생들은 눈치를 보다가 "화장실 갈게요.", "물 먹고 올게요." 등의 말을 하며 시간을 회피한다. 무슨 책을 읽을지 학급 문고 앞에서 한참 서성이는 학생도 있다. 아니면 아주 간단한 글밥이 있는 책이나 잡지를 골라 대충 읽고, 학급 문고 책장을 몇 번씩 왔다 갔다 한다.

하브루타로 아침을 연다는 것은 뇌 깨움의 시작이다. 뇌를 깨우기 위한 하브루타와 독서를 접목한 방법을 생각했다. 2015 개정 교육과정의 국어과에서 '한 권 읽기'와 연계하여 운영한다.

한 줄 독서 하브루타

아침 독서 시간에는 옆 사람에게 방해가 되지 않도록 묵독하는 경우가 많다. 묵독이 제대로 된다면 좋겠지만 멍 때리고 있거나 책을 읽기보다 문자를 보며 지나치는 경우가 많다. 하브루타 독서 활동은 짝과 함께 읽는 활동으로 시작한다. 친구와 함께 소리 내어 책을 읽으며 하루를 시작하는 준비를 하게 된다. '소리 내어 읽기'는 읽기의 유창함 및 독해력 향상에 도움을 준다. 또, 함께 읽을 책을 정하면서 독서에 대한 자기 참여 의식을 가지고 끝까지 활동할 수 있다. 짝과 의논하여 한 가지 책을 정할 수도 있고, 같은 책을 정한 사람과 만나 아침 독서를 해도 된다. 혼자 한 자리에 앉아서 책 읽는 것을 지루해하는 학생들도 짝과 말하는 독서를 즐겁게 생각한다.

방법

① 짝과 함께 읽을 책을 정한다.

② A학생이 한 줄을 읽은 후 질문을 한다.

[그림 5] 짝과 함께 한 줄 독서 하브루타

③ 질문으로 하브루타를 한다.

④ B학생이 다음 줄을 읽은 후 질문을 한다.

⑤ 질문으로 하브루타를 한다.

⑥ ②~⑤를 반복한다.

한 쪽 독서 하브루타

줄글이 많을 때는 한 문단으로 분량을 정하여 읽고 짝 하브루타
를 한다. 한 줄 독서 하브루타와 마찬가지로 책을 읽을 때는 소리
내어 읽는다. 소리 내어 읽다 보면 묵독을 할 때보다 글의 내용에
집중할 수 있다. 모르는 낱말의 뜻을 서로에게 질문하여 알아 볼
수도 있고, 국어사전을 활용하여 의미를 파악할 수 있다. 짝과 함
께 하브루타를 하다 보면 내용을 오래 기억한다. 한 문장이나 문

단이 가진 핵심 내용에 대해 깊이 있게 이야기를 나눌 수 있다.

방법
① 짝과 책을 정한다.
② A학생이 한 문단을 읽는다.
③ 질문으로 하브루타를 한다.
④ A학생은 "한 문장으로 말한다면?"이란 질문을 던진다.
⑤ B학생은 한 문장으로 표현한다. 표현이 어색하면 함께 만들어본다.
⑥ 역할을 바꿔 위의 과정을 반복한다.

그림책 하브루타

글이 없는 그림책은 있지만, 그림이 없으면 그림책이라 할 수 없다. 문자를 보조하기 위한 수단이 아닌 그 자체 그림으로 인식된다. 그림책은 학생들이 편안한 마음으로 읽을 수 있으며 많은 생각을 하게 한다. 이는 삶에서 중요한 가치에 대해 생각하는 계기를 마련해준다. 글과 그림이 가지고 있는 다양한 의미들을 친구와 이야기하며 해석하는 능력을 기를 수 있다. 느낌을 짝과 함께 공유하고 다듬는 과정에서 생각하는 힘을 기르고 능동적으로 학습하는 법을 익힌다.

방법

① 짝과 그림책을 정한다.

② 그림과 내용을 보고 짝 하브루타를 한다.

③ 짝 하브루타를 한 후 느낌을 포스트잇에 적는다.

④ 포스트잇을 마지막 표지 앞 장에 붙여놓는다.

⑤ 여러 날 반복되면 같은 그림책을 선택한 친구들의 느낌이 자

연스럽게 공유된다.

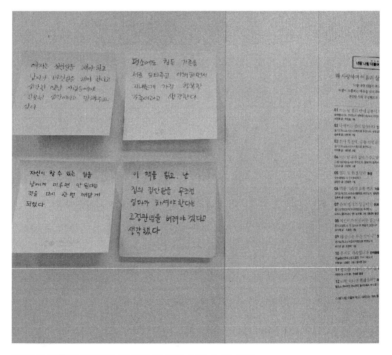

[그림 6] 뒤표지 앞 장에, 책 읽은 학생들 소감, 느낌 쓰기

질문 속으로

관계가 원만하게 잘 이루어지고, 하브루타를 하는 습관이 형성되었다면 '질문 속으로' 활동 등을 통해 깊고 넓은 질문을 만들어 대화를 나눠본다. 좀 더 다양한 질문으로 사람들의 생각과 차이를 몸과 머리로 느껴보자. 그림과 사진, 일상의 현상들에 대해 호기심을 가지고 끊임없는 질문과 대화를 할 수 있게 된다. 질문을 멈추지 않고 꼬리를 이어 생각하고 생각의 폭이 넓어질 수 있도록 다양한 활동을 해보는 것이 좋다. 세상에 나쁘고 하찮은 질문이 없다는 인식을 바탕으로 생활 속에서 질문하는 습관을 갖고 직접 실천한다.

1분 스피치

'1분 스피치'는 말하고자 하는 주제를 1분 안에 발표를 하는 활동이다. 발표자가 먼저 주제에 대해 내적 하브루타를 한다. 필자가 말하는 내적 하브루타란 혼자 질문을 만들고 대답하는 것을 의미한다. 자신의 하브루타 질문, 느낌과 감동, 새롭게 알게 된 점 등에 대해 육하원칙을 고려하여 이야기를 한다. 1분 스피치의 내용에 대해 듣는 사람들은 궁금증이 생길 수 있다. 궁금한 점이 생기면 질문으로 이어지고 발표한 사람의 생각을 더 잘 이해할 수 있다. 발표할 때 올바른 말하기 태도(알맞은 크기와 적당한 속도

로 말하기, 듣는 사람을 배려하며 말하기, 논리적으로 말하기 등)
도 자연스럽게 습득한다.

방법

① 발표 순서가 되면 발표 전날 하교 시 미리 주제를 뽑는다. 주
   제 (예시): 주말에 있었던 일, 꿈, 좋아하는 운동, 소개하고 싶
   은 노래, 추천하고 싶은 책 등

② 학생들은 주제를 효과적으로 전달하기 위해 내적 하브루타
   를 한다.

③ 1분 스피치를 한다.

④ 친구의 말을 듣고 궁금한 점을 질문한다.

⑤ 발표자는 답변한다.

내적 하브루타 전후 1분 스피치의 변화

• 발표자(학생 ○○): 일요일에 놀러 갔습니다. 참 재미있었습니다. • 질문(학생 ★★): 누구랑 갔습니까?	• 발표자(학생 ○○): 일요일에 가족들과 놀이동산에 놀러 갔습니다. 놀이 기구 중에서 하늘을 나는 물탱크가 가장 재미있었습니다. 어떻게 해서 이 놀이기구를 만들게 되었는지 궁금했습니다. • 질문(학생 ★★): 왜 놀이동산에 가게 되었나요?

• 발표자(학생 ○○): 가족이 랑 갔습니다.	→	• 발표자(학생 ○○): 이번 달에 남동생과 내 생일이 있어서 선물보다도 놀이동산에 놀러 가자고 했습니다. 그래서 놀이동산에 가게 되었습니다.

FIM Q 카드를 활용한 하브루타

하브루타를 학생들과 하면서 어려움을 느낀 점은 질문 만드는 것에 대해 체계적인 전략이 필요하다는 것이었다. 처음에 질문의 유형 및 단계를 안내할 때 좀 더 쉽고 친숙하게 다가가게 할 수 없을까 고민을 했다. 사실 질문, 상상 질문, 적용 질문, 메타 질문에 대해 지도를 하면서 잘 안내해주고 싶은 선생님들의 마음, 좀 더 질문을 잘 만들고 싶어 하는 아이들의 마음을 보면서 질문 카드를 구상했다. 카드는 서로의 마음을 연결해주는 도구로 효과적일 때가 있다. 말을 꺼낼 수 있는 매개체, 촉매제의 역할을 수행한다. 마음을 들여다볼 수 있는 창을 열어준다. 질문을 자연스럽게 접할 수 있고 관계 맺기에 도움을 준다. 질문을 잘 만들지 못하는 학생들도 부담 없이 즐겁게 참여할 수 있다.

방법

① 학생 또는 교사가 카드를 뽑는다.

② 카드의 사진을 보고 질문(FIM Q 카드 4문)을 보고 내적 하브루

타를 한다.

〈FIM Q 카드 4문〉

　1. 떠오르는 단어는?

　2. 느낀 것은?

　3. 생각나는 질문은?

　4. 하브루타 하고 싶은 질문은?

③ 짝 하브루타를 한다.

④ 전체적으로 친구들과 함께 할 생생 질문을 정한다.

⑤ 쉬우르를 한다.

교육과정으로 만나기

　하브루타는 앎만 추구하는 일방적인 지식 전달의 활동이 아니다. 학생들 스스로 배움이 일어나도록 돕는다. 단순히 하브루타의 재미만 느끼고 끝내기에는 아쉬움이 많다. 교육과정 속에서 하브루타로 수업을 디자인한다면 유익하고 즐거운 배움이 일어날 것이다. 왜 이런 교육이 필요한지 물음표를 가지고 하브루타를 하다 보면 교육의 필요성을 자연스럽게 알게 된다. 하브루타는 짝과 함께 '왜'를 찾아가는 활동이다. '3장. 놀이로 풀어가는 하브루타', '4장. 수업으로 풀어가는 하브루타'를 참고하여 교육과정에서 하브루타를 만나기 바란다.

3 질문이 춤추는 가을에

가을은 봄에 뿌린 씨앗의 결실로 열매가 풍성하게 익어가는 계절이다. 1학기는 작은 실천 하나 하나를 모으는 입문기, 2학기는 하브루타의 묘미를 맛보는 도약기! 시원한 바람과 높은 하늘을 보며 생각을 꽃피울 수 있다! 친구들과 즐겁게 하브루타에 빠져 본다. 서로의 다름이 마음 깊이 와 닿고, 그 다음에 공감하는 마음을 새록새록 다져보자!

책 나눔 하브루타

가을은 천고마비의 계절, 독서의 계절이라고 하지 않나? 수확한 곡식을 쌓듯 우리 안에 지식을 쌓기에 적절한 계절이다. 책 나눔 하브루타를 통해 더욱 풍성한 하브루타를 하며 질문이 춤추는 것을 느껴본다.

책을 읽고 난 뒤 4가지 질문으로 대화를 전개할 수 있다.

Q1. 책을 읽고 난 뒤 기억나는 것은 무엇인가요?

Q2. 당신의 생각은 어떠하나요?

Q3. 당신은 어떻게 할 것인가요?

Q4. 당신의 질문은 무엇인가요?

대화 내용과 제시한 4가지 질문을 포함한 수많은 질문 속에서 주제를 정해 전체 토의·토론을 해본다. 예를 들어 '어떻게 행동했을까?'라는 주제로 토의·토론을 한다. 학생들은 책 내용을 배경지식으로 삼아 자신의 생각, 느낌, 가치관을 바탕으로 의견을 명료화한다. 다른 사람의 의견을 들으면서 자신의 의견을 더 확고히 하거나 다른 방향으로 전환하기도 한다.

책 나눔 하브루타를 통해 자신의 생각을 단단히 한 뒤 서평 쓰기를 한다면 좋다. 깊이 있는 서평이 된다. 서평은 책 내용의 줄거리만 나열하는 것이 아니라 책에 대한 비평까지 포함하기 때문이다.

책 속에 빠져들어 배경이 되는 장소, 등장인물의 모티브가 된 실제 인물, 사건에 대해 더 깊이 알고 싶은 마음이 든다. 이때 가정과 연계하여 가족 월간지, 알림장을 통해 문학기행을 추천할 수 있다.

교사와 학생의 1:1 하브루타 데이트

학생과 학생만 하브루타를 해왔다면 교사와 학생의 1:1 하브루타 데이트도 해봄 직하다. 하브루타를 통해 사랑의 대화 시간을 가지는 셈이다.

　하브루타 주제는 좋아하는 것 하나를 정해서 시작할 수 있다. 어떤 텍스트를 가지고서만 하브루타를 하는 것이 아니라 그림에 관심 있으면 그림을 가지고 시작하고, 활동적인 학생이라면 활동을 하며 시작하는 것이다.

　방법적인 측면에서는 FIM Q 카드로 서로의 마음을 엿보는 시간을 가질 수 있고(다음 쪽에서 소개함), 걷기를 좋아한다면 산책을 하며 묻고 답하며 대화할 수 있다. 이때 교사가 의도적으로 주도

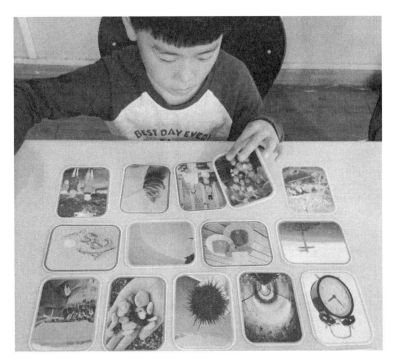

[그림 7] FIM Q (이미지편) 카드로 마음 엿보기

하지 말고 질문의 흐름이 자연스럽게 흘러가게 한다. 사제동행 활동처럼 학교 밖으로 나가기 어렵다면 교실 내에서도 충분히 하브루타를 할 수 있다.

하브루타가 잘 이루어지고 있다면 FIM Q 카드(이미지편)를 통해 마음을 엿보는 하브루타를 시도해보면 좋다. 내 마음을 잘 꺼내놓을 수 없을 때 시각화된 상징물을 찾는다면 쉽게 꺼내놓을 수 있고 서로의 마음이 이어지는 하브루타 대화가 가능하다.

방법

① FIM Q 카드를 늘어놓는다.

② 마음을 엿 볼 수 있는 주제를 제시한다.

  (예: 학교라는 단어를 생각하면 어떤 마음이 드나요?)

③ 주제와 연결되며 마음에 와 닿는 FIM Q 카드를 각자 집는다.

④ 왜 그 카드를 선택했는지 한 사람씩 이유를 말한다.

⑤ 그에 대해 생각나는 질문을 하며 더 깊이 마음을 엿보도록 질문을 이어나간다.

⑥ 또는 FIM Q 카드 몇 장을 제시하고 떠오르는 단어를 이야기 해 보도록 한다.

⑦ 위의 카드에 어울릴 만한 이름을 붙여주고 그 이유를 말해본다.

⑧ 카드 그림을 보고 궁금한 점에 대해 질문하고 답변한다.

1章 100問 하브루타 (속담, 명언)

'낮말은 새가 듣고 밤말은 쥐가 듣는다.' 속담을 보고 100가지 질문을 만들라고 하면 가능할까? 하브루타 학급살이로 봄, 여름을 잘 보냈다면 충분히 가능하다. 1章 100問 만들어보기를 통해 질문의 묘미를 충분히 느낄 수 있는 활동이다.

1章 100問 만들기는 1문장에 100가지 질문을 만들어보는 것이다. 100가지 질문을 만들면서 말을 하거나 글을 읽는 데 유창함을 기를 수 있다. 짝과 합치면 200가지의 질문을 만드는 셈이다. 이 질문들로 짝 하브루타를 진행하면 속담·명언의 진정한 의미를 찾아간다. 평생 마음에 간직할 지혜를 찾아낼 수 있다. 속담이 주어지면 학생들은 일주일 동안 꼬리에 꼬리를 물어 100가지 질문을 생성한다. 속담·명언을 활용하여 질문을 만들어본다면 깊이 생각을 할 수 있고, 질문 만들기에 자신감을 갖게 된다. 머리가 아니라 가슴으로 가져간다.

방법
① 교사는 속담·명언 1문장을 제시한다(게시판 활용).
② 학생들은 1주일 동안 질문 노트에 100가지의 질문을 적는다.
③ 자신이 만든 질문을 읽으며 짝과 나누고 싶은 질문을 3~4개 선정한다.

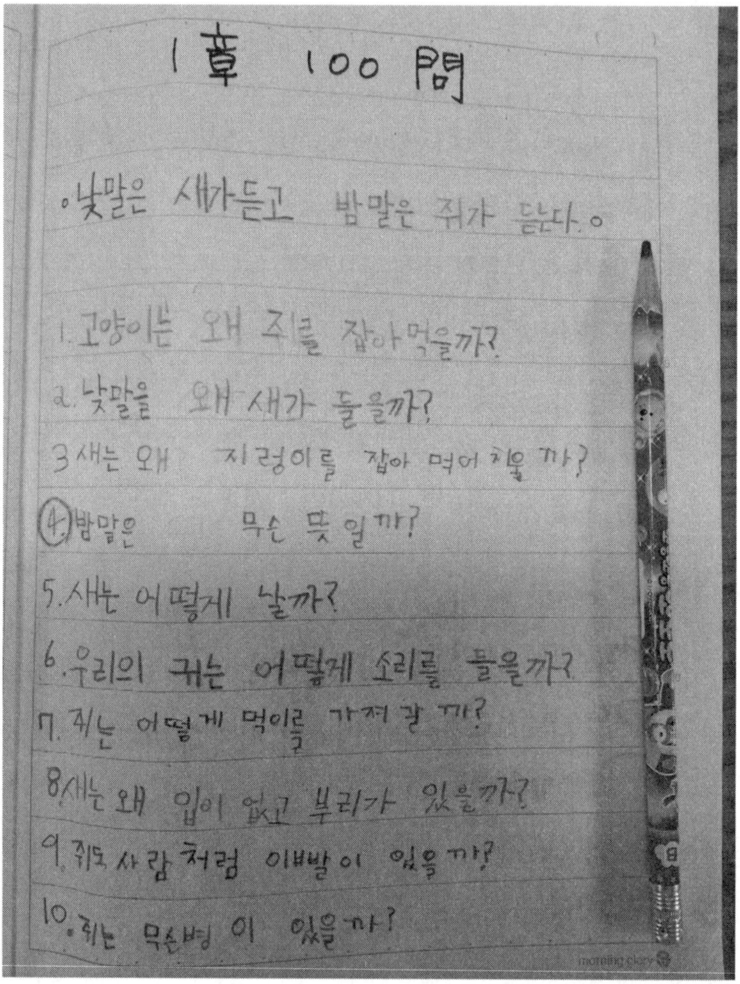

[그림 8] 낮말은 새가 듣고 밤말은 쥐가 듣는다.' 1章 100問

④ 선정한 질문에 동그라미로 표시하고 짝과 함께 하브루타 한다.

⑤ 하브루타가 끝난 후 나누지 않은 짝의 기타 질문을 읽어본다
   (생략 가능).

⑥ 질문 피라미드를 통해 모둠 생생 질문을 선택한다.

⑦ 반 생생 질문을 선정한다.

⑧ 교사와 함께 쉬우르 한다.

새로운 짝 만나기

하브루타는 얼굴을 마주보고 하는 대화를 통해 누구든지 서로 가르치고 배울 수 있는 교육 방식이다. 학급에서 하브루타 짝이 바뀐다면 또 다른 관점을 가진 짝을 만나게 되고 다양한 관점의 질문을 받아 사고가 깊어지는 경험의 폭이 확대된다. 또한 매번 비슷한 패턴의 수업에서 지루함을 느낄 수 있는 아이들에게 생동감을 줄 수 있다. 새로운 짝을 만나는 방법은 다양하며 간단한 방법을 몇 가지 소개하고자 한다.

어깨 짝, 얼굴 짝

4인 모둠에서 어깨가 닿는 짝을 어깨 짝, 얼굴을 마주보는 짝을 얼굴 짝이라고 한다. 모둠 내에서 어깨 짝, 얼굴 짝으로 번갈아가며 서로 마주보며 짝 토론을 한다.

한 칸 자리 이동

분단 내에서 왼쪽 줄의 아이들은 이동하지 않고, 오른쪽 아이들만 선생님의 신호에 맞추어 한 칸씩 이동한다. 맨 뒤에 앉은 학생은 가장 앞자리로 간다. 주로 움직임이 많은 남학생 줄을 이동하게 하면 활동형 남학생들이 더 신나게 참여한다.

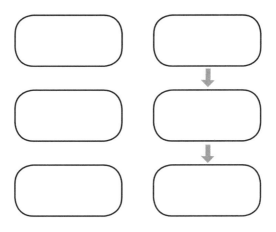

[그림 9] 한 칸씩 뒤로 이동하기

물레방아 짝 바꾸기

짝이 계속해서 바뀌기 때문에 쉴 틈 없이 말하고 다양한 생각을 나눌 수 있다. 질문 짝이 바뀌고 신체활동을 함께 하니 소극적인 아이들도 움직여 수업에 적극성을 띠게 한다. 〈방법 1〉은 책상이 없는 상태에서 이루어지며 전체 인원이 홀수인 경우 한 사람에게 특별한 임무를 수행하는 기회를 주거나 교사와 짝이 된다. 〈방법

2)는 ㄷ 자 책상 배열에서의 짝 바꾸는 방법으로 홀수, 짝수에 상관없이 가능하다.

방법 1

① 전체 아이들이 자유롭게 서서 간단한 몸 풀기 게임을 한 후 이중 원을 만든다.

② 안쪽 원과 바깥쪽 원의 아이들을 일대일로 하브루타 짝을 정한다.

③ 밖의 원에 있는 아이들이 먼저 질문을 하고 원 안쪽의 아이들이 대답을 한다.

④ 선생님이 "물레방아!"라고 외치면 구호를 외치며 두 원이 각자 오른쪽 방향으로 돈다.

⑤ 질문을 바꾸어서 해볼 수도 있다.

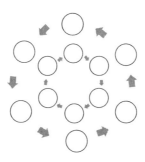

[그림 1] 이중 원으로 앉아 이동하는 방법

[그림 11] 물레방아 활동 모습

방법 2

① ㄷ자 형으로 자리 배치를 하여 앉는다.

② 2명씩 앉고 일대일로 하브루타 짝을 정한다.

③ 일정 시간이 되면 2명 중 왼쪽에 앉은 학생들이 한 방향으로 이동한다.

④ 짝이 바뀌면 서로 인사하고 움직이지 않은 학생들이 먼저 질문을 한다.

오늘의 짝 정하기 (색 풍선, 종이비행기)

소규모 학급에서는 한 주를 여는 월요일에 자유롭게 서서 색 풍선을 띄워 주거니 받거니 하며 간단한 몸 풀기 게임을 한다. 일정 시간이 지나 같은 색 풍선을 가지고 있는 아이들끼리 오늘의 짝이

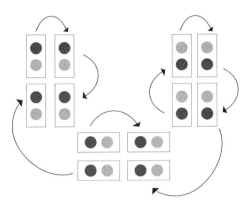

[그림 12] ㄷ 자로 앉아 이동하는 방법

되어 하브루타 한다. 일주일 동안 짝 활동을 할 수 있다. 수가 많은 학급에서는 종이비행기를 날려 같은 색 종이비행기를 받은 아이들끼리 짝이 되는 방법을 해볼 수도 있다.

또는 텍스트를 2개씩 주고 같은 텍스트를 갖고 있는 친구끼리 만난다. 짝 하브루타를 한 뒤 궁금한 점을 바탕으로 인터넷, 관련 서적 등에서 정보를 탐색하고 수집한다. 하브루타 한 내용을 정리하여 전체 친구들 앞에서 발표한다.

4 성찰의 계절 겨울에

    겨울은 자연이 잠시 숨을 돌리며 성찰하는 계절이다. 첫눈을 기다리는 설렘도 함께한다. 자신의 생각을 하브루타로 다진 학생들은 각자의 의견과 생각의 차이, 다름을 인정하고 배려하는 마음이 있다. 나-공동체의 연결이 얼마나 중요한지를 깨닫는 시간이 된다. 또 다른 시작이 있는 희망의 하브루타를 즐겨보자!

마음의 샘물 하브루타

    하브루타 학급은 활발한 소통의 장으로 발전했다. 새로운 수업의 변화와 기존 수업에서 필요한 것을 남기고 필요하지 않은 것은 재구성하여 취하면, 상대방의 의견을 존중하며 소신 있게 말하는 분위기가 형성된다.

    자신의 생각을 말하면서 공감하는 활동으로 마음의 샘물 활동을 지속적으로 운영한다. 학기 마지막 날에 마음의 샘물 통을 열어 그 안에 쌓여있는 내용으로 하브루타를 한다. 마음이 좋은 날, 슬픈 날, 짜증난 날, 화난 날, 기쁜 날 등 자신의 감정과 그 이유가 적힌 종이들을 보며 친구들과 이야기를 나눈다. 자신의 묵은 감정을 다 버리고 긍정적인 감정으로 다시 태어나는 활동으로 연계한다.

이 활동을 통해 학생들은 부정적인 것들을 긍정적인 보물로 바꾸는 즐거움을 느끼고 자신의 행동과 마음에 긍정의 씨앗을 심고자 하는 계기를 마련한다.

마음의 샘물 환경 조성

마음의 샘물은 마음을 시각적으로 보여주기 위한 것이다. 좋은 글귀를 벽에 부착하여 샘물을 부을 때 마음의 안정을 느끼게 해주면 좋다.

방법
① 투명한 큰 용기, 작은 물 컵, 50mL 정도의 투명 컵, 투명 물과 검정 물을 넣을 용기들을 1개씩 준비한다(용기들은 무늬가 없는 것일수록 좋다).
② 가장 큰 용기 안에 중간 컵을 뒤집어 놓는다.
③ 중간 컵 위에 50mL 정도의 투명 컵을 바르게 세워 올려놓는다.
④ 투명 물을 담는 용기에는 일반 물을 붓고, 검정 물을 담은 용기에는 물을 붓고 먹물 한 방울을 떨어뜨린다.
⑤ '마음의 샘물'이란 표지판을 만들어 세운다.

⑥ 샘물 통에 표지판을 꽂아두면 완성된다.

마음의 샘물 진행[18]

자신의 기분을 정확하게 느낄 수 있도록 마음의 샘물을 1년 동안 진행한다. 감정 상태를 종이에 적고 샘물 통에 넣으면서 객관적으로 바라보는 시간이다.

[그림 13] 마음의 샘물이 진행되고 있는 모습

방법

① 자신의 감정과 그 이유를 종이에 적는다.

② 종이를 마음의 샘물 통에 넣는다.

③ 해당된 물을 맨 위에 놓은 컵인 '마음의 샘물'(가장 작은 컵)에 붓는다(부정적인 감정은 검정, 긍정적인 감정은 투명 물).

④ 마음의 샘물의 탁한 정도가 오늘 우리 반의 전체적인 감정이다.

※ 이러한 활동을 할 때 장난으로 하지 않는 것이 중요하며 역할 분담을 정해 마음의 샘물 주변이 청결할 수 있도록 한다. 또, 투명 물과 검정 물을 보충하도록 한다.

마음의 샘물 통 공개와 하브루타

마음의 샘물 통을 열어 친구들의 마음을 공유하는 시간을 갖는다. 단순히 읽고 듣는 것에 멈추지 않고 생각을 함께 나누도록 한다. 친구의 기분과 그 이유를 하나하나 읽으면서 그런 상황을 짐작하거나 비슷한 경험이 있는 친구들과의 하브루타는 자신을 돌아보는 시간이 된다.

방법

① 의자로 둥글게 앉고 가운데 마음의 샘물 통을 열어둔다.

② 한 명이 나와 종이를 하나 골라 종이에 적힌 기분과 이유를 읽는다.

③ 친구들은 듣고 궁금한 것을 질문하며 자연스럽게 대화한다 (친구들의 경험과 느낌에 공감하며 질문하도록 유도한다).

④ 하나의 이야기가 끝나면 다음 친구가 종이를 골라 읽고 같은 방법으로 하브루타 한다.

[그림 14] 마음의 샘물 통 공개 후 하브루타 하는 장면

⑤ 마음의 샘물 통에 있는 종이 내용의 공유가 다 끝나면 느낌을 공유한다.

⑥ "검정 물을 부을 때의 기분은 어땠나요?", "맑은 물을 부을 때의 기분은 어땠나요?"의 질문을 통해 활동의 소감을 듣는다.

⑦ 우리의 소중한 감정이 적힌 종이를 어떻게 하면 좋을지 이야기를 나눈다.

⑧ 좋은 감정들은 지켜주고 나쁜 감정들은 새롭게 태어나도록 하는 활동을 소개한다.

⑨ 학생들이 모두 동의하면 그 다음 단계로 넘어가면 좋다. 만약, 활동을 싫어한다면 여기서 멈추고 간단한 활동으로 구성하여도 좋다.

하브루타 마음 꽃 만들기

　다양한 마음이 적힌 종이를 찢으면서 스트레스를 날리는 활동을 한다. 적힌 종이의 양으로 작품을 만들기에 부족하기 때문에 화선지나 신문지를 추가하면 좋다. 시각적으로 마음을 볼 수 있는 하브루타 마음 꽃 활동은 재미와 놀이가 함께하는 의미 있는 활동이다. 심리 정서적으로 자신의 에너지를 발산하여 긍정적으로 변할 수 있는 기회를 마련해준다.

　방법

①　나쁜 마음들이 적힌 종이들을 찢는다.

②　미리 준비한 신문지를 찢는다.

③　신문지 놀이로 스트레스를 해소한다.

④　신문지를 모아 대야에 담는다.

[그림 15] 신문지 놀이

[그림 16] 종이죽 만들기

⑤ 대야에 미리 준비된 밀가루 죽을 넣는다(미리 준비한 밀가루 죽에 미지근한 물을 넣으면 풀어진다).

⑥ 학생들은 종이죽을 만든다.

⑦ 다 만들어진 종이죽으로 꽃 모양을 만들고 말린다.

⑧ 말린 꽃 모양의 종이죽에 색칠하여 말린다(신문지 때문에 색을 입혀도 나오지 않은 경우 밑바탕을 흰색으로 칠하고 말린 다음 색을 칠하면 좋다).

⑨ 우드록 판에 바구니 모양으로 시침핀을 꽂고 마끈을 이용해 바구니를 만든다.

⑩ 색칠로 완성된 꽃송이들을 글루 건으로 붙여 하브루타 마음 꽃을 완성한다.

[그림 17] 하브루타 마음 꽃

하브루타 마음 꽃은 교육과정 발표회에 반 아이들의 작품으로 전시했다. 일회적인 작품이 아니라 1년 동안 모여 완성된 작품으로 학생들의 애착도 남달랐다. 마음의 샘물 통에서는 공개수업으로 학급에 방문한 학부모님의 글도 발견되었나. 자신의 부성석인 마음이 모여 예쁜 작품으로 재탄생한 것이 신기하고 마음이 흐뭇하다는 학생들의 반응이 고마웠다.

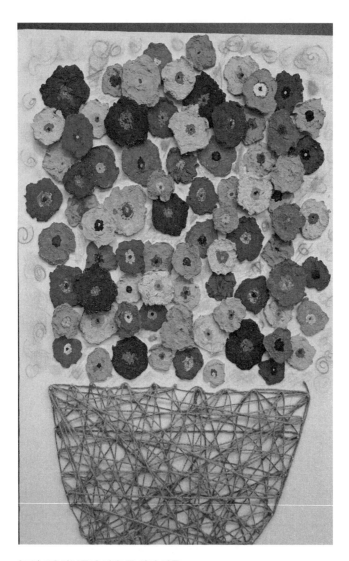

[그림 18] 하브루타 마음 꽃 완성 작품

하브루타 학급 콘서트

봄, 여름, 가을 하브루타를 꾸준히 실천하였다면 그동안의 하브루타 모습들을 담아 하브루타 학급 콘서트를 개최한다. 하브루타는 짧은 시간 안에 이루어지지 않는다. 1년 동안 활동을 차곡차곡 모아 학급에서 아이들과 함께 나눠보자. 하브루타 학급 콘서트에는 하브루타 철학이 깃들어 있어야 한다. 정답은 없고 다양한 해결 방법이 있으며, 다름과 차이를 인정하고 소통의 시간을 갖는다. 타인과의 말다툼이 아닌 진정한 배려와 존중이 필요하다. 혼자 생각하는 것이 아니라 함께 공동으로 생각하는 것이 중요함을 느낄 수 있다.

질문 배틀

공존(공감과 존중) 대화와 질문 피라미드를 통해 질문 배틀을 진행한다. 공존 대화란 공감과 존중이 바탕이 되는 대화를 말한다. 공존 대화는 토의와 토론으로 이어진다. 최고의 질문을 선정할 때 인기투표가 되지 않도록 여러 사람의 의견을 충분히 잘 듣는다. 두 번의 질문 피라미드로 질문 배틀이 이루어진다. 어떤 질문이 좋은지, 친구들과 함께 나누고픈 질문은 무엇인지를 생각하며 논리성과 타당성을 기른다.

방법

① 2~3장 분량의 글을 나눠준다.

② 글을 읽고 각자 질문을 만들고 하브루타를 한다.

③ 각자가 만든 질문 중 생생 질문을 골라 포스트잇에 적는다.

④ 공존 대화로 질문 피라미드를 통해 모둠 생생 질문을 정한다 (질문 피라미드 1차).

⑤ 각 모둠의 생생 질문을 포스트잇에 적어 칠판에 붙인다.

⑥ 반 전체 질문 피라미드를 한다. 각자 투표한다(질문 피라미드 2차).

⑦ 가장 많은 점수를 받은 생생 질문을 주제로 정한다.

⑧ 반 전체 학생은 자신의 생각을 기록하며 활동 후 느낌을 공유한다.

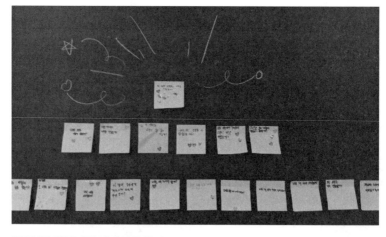

[그림 19] 질문 배틀 생생 질문 뽑기

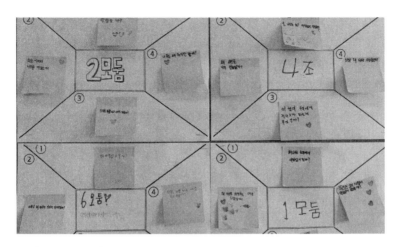

[그림 20] 모듬별 질문 모음

⑨ 하브루타 결과로 글쓰기 활동을 하며 결과물은 누리집에 탑재한다.

하브루타 UCC 발표회

초등학교 중학년 이상 학생들은 동영상 제작에 관심이 많다. 스마트폰으로 촬영하고 편집해서 SNS에 탑재할 수 있다. 10월이 되면 '하브루타'란 주제로 콘티를 짜고 UCC 제작 작업을 시작한다. 학생들 각자가 하브루타에 대해 어떻게 정의 내리고 있으며 어떤 활동이 유익했는지를 알 수 있는 기회가 된다. 발표회 전까지 시간을 충분히 주어 하브루타 수업에 대한 의미를 발견해가는 시간을 갖는다. 교사는 그해 하브루타 수업에 대한 피드백을 받을 수 있고 그 다음해 하브루타 학급살이를 구상할 수 있다.

방법

① '나에게 하브루타란' 주제로 짝 하브루타 및 모둠 하브루타를 한다.

　Q: 하브루타를 만나기 전 나의 모습은?

　Q: 하브루타 활동 중 기억에 남은 활동은?

　Q: 나의 질문 중 가장 좋았던 질문은?

② 질문과 대화로 하브루타 UCC 발표회 제작 계획서를 작성한다.

③ 모둠별 역할 분담 및 제작 계획서, 콘티를 작성한다.

④ 각 모둠에서는 계획서를 보완해가며 하브루타 UCC 동영상을 촬영하고 편집한다.

⑤ 모둠별로 만든 작품들을 모아 하브루타 UCC 발표회를 갖는다.

⑥ 하브루타 UCC 발표회를 마무리한 후 활동 소감을 나눈다.

하브루타 자서전

자서전은 '나'가 아닌 '우리'를 위해 쓴다고 한다. 자신의 이야기를 밖으로 꺼내 놓음으로써 우리의 변화는 시작된다. 각자가 걸어온 길에 대한 기록은 서로에게 도움이 되고, 이것은 꿈의 지도가 된다. 옛날부터 현재의 시점까지 과거를 되돌아보고 앞으로의 길을 설계하도록 한다. 가급적 부정적인 내용보다 긍정적인 기억과 추억에 중점을 두고, 긍정적 성장을 위한 발판이 되도록 한다.

방법

① 자서전의 의미와 필요성에 대해 알아본다.

② 성장 그래프에 자서전에 들어갈 굵직한 사건과 키워드를 정
리한다.

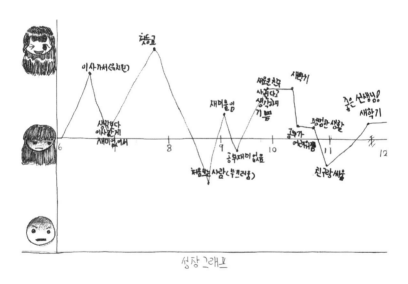

[그림 21] 성장 그래프

③ 성장 그래프를 보며 하브루타 자서전을 쓰기 위한 질문을 만
든다.

  예) 하브루타 자서전 질문들

Q: 나의 이름과 의미는?

Q: 나의 탄생 비화·신화는?(태몽, 주변 사람들의 이야기 등)

Q: 나의 부모님은 어떤 분이신가?

Q: 올해 가장 심리적으로 힘들었을 때는? 또는 가장 좋았을 때는? 그 이유는?

Q: 내가 존경하는 인물은?(멘토, 본받고 싶은 위인 또는 인물)

Q: 지금까지 학교생활에서 가장 기억에 남는 활동 또는 이야기 베스트 5는?

Q: 예전의 나의 모습과 지금의 나의 모습을 비교한다면? 그 이유는?

Q: 나에게는 어떤 미덕 보석이 빛나는가? 어떤 보석이 필요한가?

④ 질문에 간단하게 답한다.

⑤ 글을 쓴다.

⑥ 읽어보며 고쳐 쓰기를 한다.

⑦ 완성한 글을 누리집에 탑재한다.

⑧ 책 표지를 디자인하고 만든다.

⑨ 하브루타 자서전을 완성한다.

⑩ 작가 사인회를 한다.

⑪ 서평을 남긴다(가족, 친구, 선생님 등).

[그림 22] 자서전 표지

질문으로 노는 아이들
소통으로 공감하는 아이들
질문으로 시작해서
놀이는 소통이 되고
소통은 배움이 된다.

3장

놀이로 풀어가는
하브루타

하브루타 수업의 핵심은 질문과 짝이다. 짝과 소통하기 위해서는 질문이 중요한
역할을 한다. 질문 놀이는 재미 요소를 가미해 질문 만들기에 더 쉽게 다가간다.
질문 만들기를 막연하게 생각하거나 어려워하는 아이들에게 도움이 된다.

1 물음으로 놀아보기

꼬꼬물 질문 놀이

학생들은 학교생활이나 가정생활에서 궁금한 점이 있어도 그냥 지나치거나 깊이 생각하는 것을 싫어한다. '원래 그래'라는 말로 생각을 멈추게 한다. 꼬꼬물 질문 놀이는 늘 똑같다고 생각한 일상에 대해 서로에게 묻고 답하는 놀이이다. 꼬리에 꼬리를 무는 질문 놀이를 통해 사고를 확장하고 대화의 깊이를 더할 수 있다.

처음에는 '까바' 놀이[19]를 통해 서로에게 질문을 주고받는 활동을 하도록 한다. '까바' 놀이는 평서문을 의문문으로 바꾸는 놀이다. 한 사람이 주어진 그림이나 사진을 보고 관찰한 것을 문장으로 말하면 다른 모든 친구들이 '~까?'로 바꿔 말한다. 모두가 함께 듣고 바꾸기 때문에 재미를 느끼고 질문을 쉽게 받아들인다. 처음에는 소극적이던 학생들도 나중에는 짝과 적극적으로 질문을 주고받는다.

까바 놀이가 익숙해지면 꼬리에 꼬리를 무는 꼬꼬물 질문 놀이를 할 수 있다. 꼬리에 꼬리를 문다는 것은 앞 문장의 단어를 연결하며 이어가는 것을 의미한다. 학생들은 질문하는 것을 좋아하고,

짝과 대화하는 것을 즐긴다.

방법 1. 답변과 질문이 함께하는 경우

① 주말에 있었던 일, 아침에 봤던 풍경 등 일상생활의 일 중 짝에게 궁금한 점을 물어본다(짝과 나누는 질문의 주제는 바꿔도 된다).

② 질문을 받은 학생은 평서문으로 답을 한다.

③ 답변과 동시에 평서문에 들어간 단어를 이용하여 질문을 만들어 짝에게 말한다.

④ ②~③을 반복한다.

모둠끼리 릴레이로 할 수 있다.

⑤ 가장 인상적인 질문을 가지고 친구들과 함께 느낌을 나눈다.

⑥ 놀이에 대한 느낌을 나눈다.

예)

"아침에 무엇을 먹었나요?"

"아침에 우유와 빵을 먹었습니다. 빵은 무엇으로 만들었나요?"

"빵은 밀로 만들었습니다. 어떤 빵을 좋아합니까?"

방법 2. 질문으로 이어가는 경우

① 주말에 있었던 일, 아침에 봤던 풍경 등 학생은 짝에게 궁금

한 점을 물어 본다.

② 짝은 질문 속에 포함한 단어나 서술어 중 하나가 포함된 새로운 질문을 만든다.

③ ①~②를 세 번 반복한다.

④ 더 이상 질문을 만들 수 없을 때 게임의 승패가 정해진다(질문에 대답하지 않고 질문을 계속 만들면 승리한다).

⑤ 놀이에 대한 느낌을 나눈다.

예)

"아침에 무엇을 먹었나요?"

"아침에 우유와 빵을 먹었나요?"

"빵은 무엇으로 만들었나요?"

"왜 만들었나요?"

"왜 우유도 먹었나요?"

Tip

- 학기 초에 관계 맺기 활동에 활용할 수 있다.
- 〈방법 2〉는 질문으로 이어가는 놀이이므로 질문에 답을 하지 않도록 유의한다.

폭탄 질문 놀이

폭탄 질문 놀이는 언제 터질지 모르는 긴장감이 학생 모두의 참여를 이끌어준다. 옛날 텔레비전 프로그램 〈가족오락관〉에 나왔던 놀이 중에 폭탄 돌리기 게임을 응용한 놀이이다. 음악에 맞춰 공을 전달하고 음악이 멈출 때 공을 들고 있는 학생이 질문을 만드는 것이다. 전체를 대상으로 하는 경우와 모둠을 대상으로 하는 경우를 나눠보았다. 기본 게임에 익숙해지면 모둠 활동 게임으로 해도 좋다. 무작정 떠오르는 단어를 말하는 것 자체가 생각의 문을 열어준다. 자신이 말한 단어에 관한 질문을 친구들과 만들어 하브루타를 한다. 이런 활동은 질문 만들기가 쉽고 재미있다는 느낌을 줄 수 있다. 공과 음악을 사용하지만 폭탄 음향효과를 사용하면 더 긴장감 넘치는 쪽탄 질문 놀이가 된다.

학생들이 어느 정도 질문 만들기에 익숙해지면 교사는 의도적으로 사실 질문, 상상 질문, 적용 질문, 종합 질문의 종류에 따라 문제를 만들도록 한다.

방법 1. 전체 또는 모둠
① 공과 음악, 주제가 적힌 프레젠테이션을 준비한다.
② 음악이 시작되면 공을 오른쪽 친구에게 전달한다.
③ 폭탄 음향효과 소리와 동시에 공을 가진 학생은 일어나서 화

면에 보인 주제에 대한 질문을 한다. 이때 교사는 학생과 공의 위치를 확인하면서 음악 멈춤과 폭탄 음향 소리 재생 시기를 조절한다.

④ 규칙으로 정한 제한 시간 내에 질문을 만들지 못하면 별도의 미션을 수행한다.

⑤ 여러 번 반복한다.

⑥ 놀이에 대한 느낌을 나눈다.

방법 2. 모둠

① 교사는 제한 시간을 조절한 폭탄 도구를 준비하거나 음악을 준비한다.

② 아이들이 돌아가며 떠오르는 단어를 말한다. 주제어를 제시하여도 된다.

③ 폭탄이 터지거나 음악이 멈출 때 말하고 있는 학생이 말한 단어가 선택된다.

④ 모둠원 모두는 선택된 단어와 관련된 질문을 만든다.

⑤ 질문으로 모둠 하브루타를 한다.

⑥ 각 모둠에서 나온 질문과 하브루타 내용을 발표한다.

⑦ 놀이에 대한 느낌을 나눈다.

[그림 1] 폭탄을 돌리며 놀이에 참여하는 모습

구름 질문 놀이

'사과', '포도' 하면 무엇이 떠오르는가? 우리의 뇌는 시각적인 정보를 더 빨리 받아들인다. 학생들에게 '사과'라는 단어를 주면서 질문을 만들어 보라고 하면 경험과 지식을 바탕으로 사과 이미지를 생각하게 되고 쉽게 질문을 만들어 나간다. 하지만 "친구와 대화를 합니다."라는 문장을 주면 질문 만들기를 힘들어한다. "친구, 대화"는 "사과"라는 단어보다는 추상적이기 때문이다.

"친구와 대화를 합니다." 문장에서 '친구', '대화' 등 하나 하나의 단어를 연상하여 마인드맵을 활용하면 어렵지 않게 질문 만들기에 한 발짝 다가설 수 있다. 한 문장에서 질문으로 연결해주는 다리 역할도 해준다. 이를 구름 질문 놀이라고 칭한다. 이러한 활동은 평소 질문을 만들어 보지 않아 힘들어하던 학생들도 쉽게 참여할 수 있다.

구름 질문 놀이를 통해 질문을 만든 후 친구들과 비교하는 활동을 하며 질문을 확장해 나갈 수 있고 자신의 생각과 다름을 알게 된다. 또, 마인드 맵에서 시각적인 우뇌와 질문을 만드는 좌뇌가 상호작용하며 사고의 확장을 도와준다.

방법

① 문장이나 시각적인 자료를 제시한다.

② 제시된 자료를 보고 떠오르는 단어를 적는다.

③ 짝에게 단어를 생각한 이유를 말한다.

④ 짝과 대화를 통해 생각나는 단어를 추가해서 적는다.

⑤ 마인드맵에 기록한 단어가 포함되도록 질문을 만든다.

⑥ 자신의 질문 중 친구와 비슷하거나 같은 질문에 표시한다.

⑦ 짝의 질문 중 생생 질문(생각이 살아있는 질문)을 표시하고

하브루타를 한다.

⑧ 놀이에 대한 느낌을 나눈다.

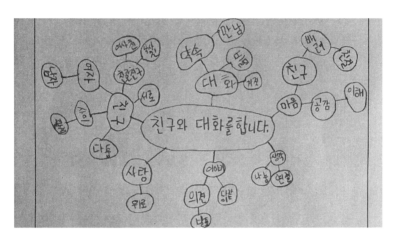

[그림 2] 문장을 보며 떠오르는 단어들로 마인드맵 만들기

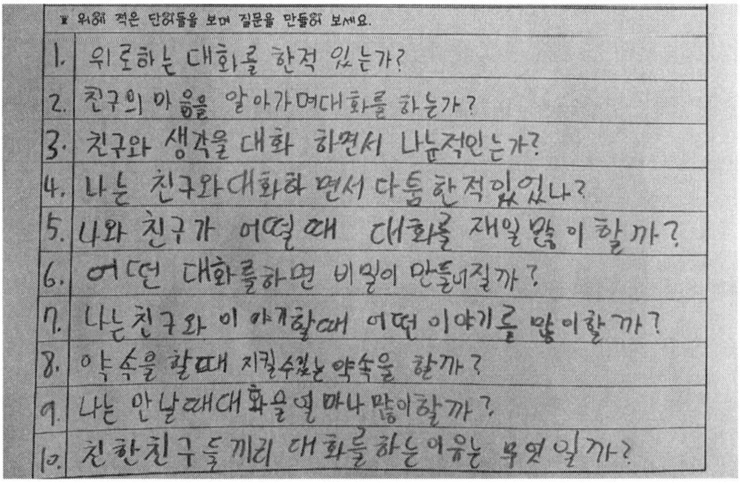

※ 위에 적은 단어들을 보며 질문을 만들어 보세요.

1. 위로하는 대화를 한 적 있는가?
2. 친구의 마음을 알아가며 대화를 하는가?
3. 친구와 생각을 대화 하면서 나눈적인는가?
4. 나는 친구와 대화하면서 다툼 한적 있나?
5. 나와 친구가 어떨 때 대화를 제일 많이 할까?
6. 어떤 대화를 하면 비밀이 만들어질까?
7. 나는 친구와 이야기할때 어떤 이야기를 많이 할까?
8. 약속을 할때 지킬수 있는 약속을 할까?
9. 나는 안 날때대화을면 마나 많이 할까?
10. 친한 친구들끼리 대화를 하는 이유는 무엇일까?

[그림 3] 단어들로 이뤄진 구름맵을 보며 질문 만들기

- 저학년은 '사과' 그림 같은 시각적인 자료에서 시작하면 좋다.
- 마인드맵을 완성하는 데 시간의 비중을 많이 두지 않도록 한다.
- 고학년은 경험을 떠올릴 수 있는 간단한 문장을 제시하여 시작하면 좋다.

PMI 질문 놀이

사고의 창의력과 유연함이 필요한 발명 활동에서는 물건의 장단점을 파악하는 기법으로 PMI를 많이 사용한다. PMI 토론[20]은 학생들의 문제해결 방식에 딱딱함 대신 사고의 풍부함을 더해 토의 · 토론의 즐거움을 맛볼 수 있게 한다. 초등학생들에게 장점과 단점을 모두 생각하게 해서 어떤 주제에 대해 흥미로운 해결책을 학생 스스로 찾게 한다.

PMI 질문 놀이는 PMI 토론 기법을 활용한 것이다. 질문을 할 때 다양한 면을 보고 질문을 이어갈 수 있도록 의도적으로 구조화한 활동이다. PMI 질문 놀이에서 'P(Plus)'에는 주제에 대한 좋은 점, 장점, 잘한 점, 긍정적인 점에 대한 질문들을 쓴다. 'M(Minus)'에서는 안 좋은 점, 단점, 아쉬운 점, 고칠 점에 관한 질문을 쓴다. 'I(Interesting)'에서는 흥미로운 점, 상상해보기, '만약 나라면~?' 등의 질문을 쓴다. 질문을 만들기 전 장점, 단점, 흥미로운 점에 관해 떠오르는 단어를 모두 찾아 기록한 후 단어가 들어가도록 질문을 만든다. 막연하게 질문을 만드는 것보다는 단어와 관련지어 질문을 만드는 것이 훨씬 쉽다.

질문으로 하브루타를 하면서 장점을 살리고 단점을 보완할 수 있는 대안에 대해 서로 이야기를 나눠보고, 학습장에 정리하도록 한다. 장점, 단점, 흥미로운 점 등으로 생각하여 관련 질문을 만들고 정답을 찾아가는 방법으로 이루어지는 PMI 질문 놀이는 사물을 바라보는 분석적인 사고를 길러준다.

방법
① 주제를 정한다(예: 스마트폰).
② 장점과 단점, 흥미로운 점에 관해 떠오르는 단어를 모두 찾아 쓴다.
③ 단어가 포함된 질문을 만든다.
④ PMI 질문으로 하브루타를 한다.
⑤ 가장 기억에 남는 질문과 그 이유를 적는다.
⑥ 놀이 활동 후 소감을 서로 나눈다.

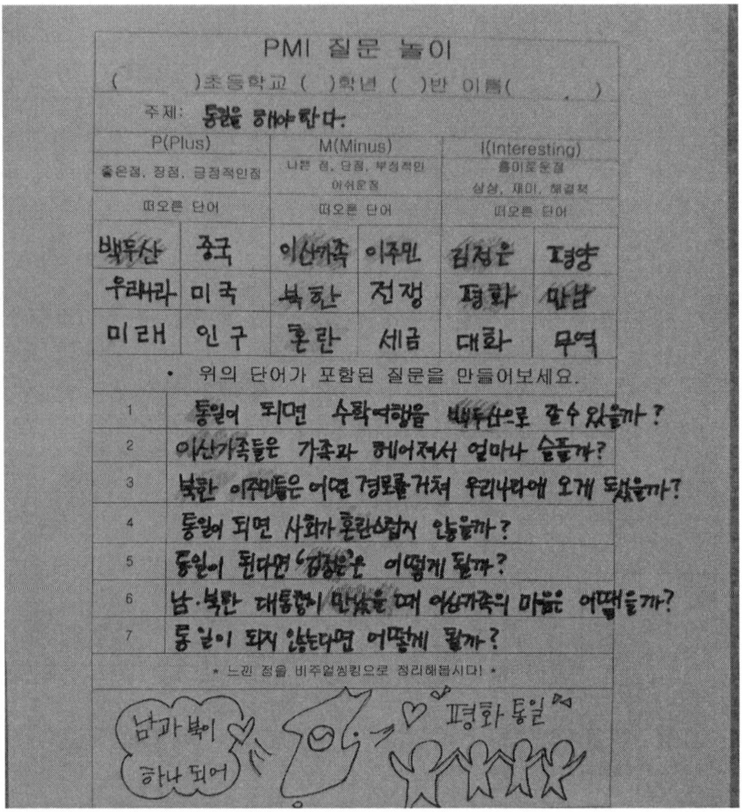

PMI 질문 놀이

(　　　)초등학교 (　)학년 (　)반 이름(　　　　)

주제: 통일을 해야 한다.

P(Plus)	M(Minus)	I(Interesting)
좋은점, 장점, 긍정적인점	나쁜 점, 단점, 부정적인 어려운점	흥미로운점 상상, 재미, 해결책
떠오른 단어	떠오른 단어	떠오른 단어

백두산	중국	이산가족	이주민	김정은	평양
우리나라	미국	북한	전쟁	평화	만남
미래	인구	혼란	세금	대화	무역

• 위의 단어가 포함된 질문을 만들어보세요.

1. 통일이 되면 수학여행을 백두산으로 갈 수 있을까?
2. 이산가족들은 가족과 헤어져서 얼마나 슬플까?
3. 북한 이주민들은 어떤 경로를 거쳐 우리나라에 오게 됐을까?
4. 통일이 되면 사회가 혼란스럽지 않을까?
5. 통일이 된다면 '김정은'은 어떻게 될까?
6. 남·북한 대통령이 만났을 때 이산가족의 마음은 어떨까?
7. 통일이 되지 않는다면 어떻게 될까?

• 느낀 점을 비주얼씽킹으로 정리해봅시다!

남과 북이 하나 되어　　평화 통일

[그림 4] PMI 질문 놀이 학습지

Tip

• 학습지가 아닌 색 포스트잇을 활용해도 좋다(예, 장점: 파란색, 단점: 빨간색, 흥미로운 점: 노란색 포스트잇).
• 생각의 시작에 도움을 주고자 하는 것이므로 영역 구분에 초점을 두지 않도록 한다.

스캠퍼 질문 놀이

스캠퍼(Scamper) 기법은 브레인스토밍 기법 중 하나이다. 브레인스토밍 기법을 창안한 오스본(Alex Osborn)의 체크리스트를 개발한 에이벌(Bob Eberle)이 7개 키워드로 재구성하고 발전시킨 것이다. 스캠퍼는 7개 사고 영역을 대체하기, 결합하기, 응용하기, 수정하기, 다른 용도로 사용하기, 제거하기, 반전 또는 재정렬하기로 정했다. 이에 맞는 새로운 아이디어를 생성한 뒤, 실행 가능한 최적의 대안을 골라내기 때문에 기존의 브레인스토밍보다 구체적이면서 창의적인 결과를 만든다.

이러한 스캠퍼 기법[21]을 질문 놀이에 접목하여 7가지 영역을 쉬운 용어로 바꿔 활용하였다. '바꾸어보기 질문'(~대신에, 바꾸어보기), 합하기 질문(~과 ~을 합치기), 응용하기 질문(비슷한 것 찾기), 수정하기 질문(크게 또는 작게 변형하기), 변경하기 질문(다른 용도로 사용하기), 제거하기 질문(없애보기), 반전하기 질문(순서나 역할을 바꾸기)이 적힌 스캠퍼 회전판을 돌린다. 7가지 영역 질문을 만들 수 있도록 학생들에게 익숙한 전래동화나 짧은 이야기를 제시한다. 교사는 스캠퍼에서 제시하고 있는 영역이 다소 어려울 수 있으므로 각 영역 질문에 대해 충분히 설명한다.

방법

① 이야기를 제시한다.

② 짝과 한 팀이 된다.

③ 스캠퍼 7가지 영역이 써진 회전판을 돌린다.

④ 나온 영역에 따라 질문을 만든다.

예) '흥부와 놀부'

• 바꾸어보기 질문

- "제비가 아닌 다른 동물이었다면?"

- "이 이야기의 배경을 현재로 바꾼다면?"

• 합하기 질문

- "놀부가 흥부의 가족과 함께 산다면?"

- "놀부의 박에 뭐가 더 있으면 혼이 날까?"

• 응용하기 질문

- "박씨가 아닌 과일씨를 주었다면?"

- "이 이야기와 비슷한 이야기는?"

• 수정하기 질문

- "박이 하나만 주어지면 어떤 것을 원할까?"

• 변경하기 질문

- "놀부의 아내가 주걱이 아니라 숟가락을 들고 있다면?"

• 제거하기 질문

- "박에 보물이 들어 있지 않았다면?"

- "흥부한테 자식이 없었다면?"

• 반전하기 질문

- "놀부가 먼저 제비 다리를 고쳐줬다면?"

- "흥부가 욕심쟁이 동생이었다면?"

⑤ 주어진 시간 동안 질문을 가장 많이 만든 팀이 이긴다.

⑥ 놀이에 대한 느낌을 나눈다.

[그림 5] 스캠퍼 질문 놀이

Tip

• 스캠퍼 질문 만들기에 익숙해질 때까지 학습지를 활용한다.

• 상상하여 뒷이야기를 만드는 활동과 연계할 수 있다.

번개 질문 놀이

번개는 까맣게 낀 먹구름 속에서 '번쩍' 하면서 순간적으로 아주 짧은 시간에 빛을 내고 사라진다. 이렇듯 학생들이 준비가 되어 있지 않은 상황에서 갑작스럽게 질문을 하는 것이다.

번개 질문 놀이는 주의를 환기시키고 뇌 활동의 자각을 위해 번개 질문을 준비해서 학생들이 학습에 대한 흥미와 관심을 갖도록 한다. 갑작스럽고 뜬금없는 질문을 통해 뇌의 놀람, 사고의 확장을 가져온다.

학습에 흥미와 주의 집중을 이끌어 내기 위해서 시사적인 문제나 학습과 전혀 관계가 없는 질문들을 던져줌으로써 학습에 집중력을 높일 수 있다. 교과 활동에 관심이 없던 학생들도 잠깐의 일탈 질문으로 더욱더 수업에 집중할 수 있다.

의도하지 않게 학생의 진심이나 평소에 몰랐던 의외의 모습을 만날 수도 있다. 이것은 현재 학생들의 관심사에 대해 알 수 있는 계기가 된다. 생활교육이나 상담 활동과 연계 할 수 있다. 평소에 시사적인 문제에 대한 생각을 학생들과 이야기할 시간이 없다. 번개 질문 놀이를 통해 현재 쟁점이 되고 있는 주제 키워드를 적어 생각할 수 있는 기회를 제공한다.

방법 1. 돌발 핵심 단어 제시

① 교사가 돌발적으로 생각나는 핵심 단어를 제시한다.

② 학생들은 질문을 만든다.

③ 짝 하브루타를 한다.

④ 친구들과 더 나누고 싶은 질문을 발표한다.

⑤ 교사는 쉬우르를 한다.

⑥ 놀이에 대한 느낌을 나눈다.

방법 2. 키워드 게시하여 번개 질문 만들기

① 교실 구석구석에 키워드를 적은 종이를 눈에 띄도록 붙여놓는다.

② 학생은 키워드가 적힌 종이에 질문을 만들어 적는다.

③ 질문이 적힌 종이를 전체적으로 돌려 읽는다.

④ 마음에 드는 번개 질문에 체크한다.

⑤ 학생들이 많이 선택한 질문으로 전체 학생들과 함께 이야기를 나눈다.

방법 3. 숨겨진 번개 질문 찾기

① 핵심 단어를 적은 쪽지를 교실 구석구석에 숨겨놓는다.

② 교사의 '번개 질문 놀이'라는 신호와 함께 질문 쪽지를 찾는다.

③ 짝과 한 팀이 되어 질문 쪽지에 적힌 두 단어를 넣은 질문을 만든 후 교사에게 제출한다.

④ 질문을 만들면 교사에게 제출한다.

⑤ 다인수 학급인 경우 선착순 2팀 정도에게 우선 발표하도록 한다.

⑥ 쪽지를 가장 늦게 찾거나 또는 질문을 잘 만들지 못한 마지막 2팀은 1등과 2등 팀의 질문에 답하도록 한다.

[그림 6] 키워드가 적힌 종이에 학생들이 번개 질문을 적어 부착한 장면

Tip

• 학생에게도 번개 질문 놀이의 키워드를 적을 기회를 주어 참여를 유도한다.
• 〈방법 3〉에서 질문을 빨리 만든 팀에게 다음 번개 질문 놀이의 키워드와 숨겨 놓은 역할을 주는 것도 좋다.

미스터리 박스 놀이

학교에서 오감을 이용한 관찰을 하라고 하면 대부분 주로 시각적인 관찰로 끝내는 경우가 많다. 특히, 청각을 사용하는 경우는 극히 드물다.

눈을 감고 바람 소리, 물 흐르는 소리, 낙서하는 소리, 나뭇잎 소리를 들어본 적이 있는가? 일상의 흔한 소리라고 지나치기 쉽지만 귀 기울이면 들리는 소리들이다. 시각이 아닌 소리를 들으며 의문을 품고 질문하는 학생을 찾아보기 힘들다. 소리의 중요함을 잊은 채 살아가고 있다. 눈에 보이는 것에 반응이 빠른 학생들에게 청각의 중요성을 일깨워줄 필요가 있다.

미스터리 박스 놀이는 호기심을 자극하며 소리를 듣고 그 속의 재료들을 예측해보는 활동이다. 집중해서 듣고 의문을 가지면서 친구들과 이야기하며 미스터리 박스 안의 재료가 무엇인지 생각하게 하는 좋은 방법이다. 단, 정답은 공개하지 않는 것이 좋다. 학생 A의 의견이 정답이었는데 선택되지 않았다면 학생 A는 기분이 나쁘거나 다른 모둠 학생들을 원망할 수 있다. 이 놀이의 핵심은 관찰이 목적이지 정답이 아니다.

방법

① 미스터리 박스(철로 만든 직육면체 상자) 안에 부딪칠 때 소

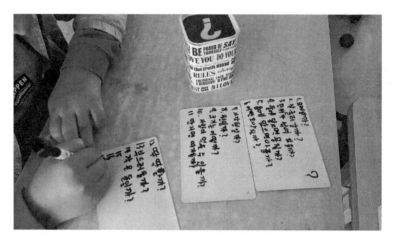

[그림 7] 미스터리 박스 소리를 들은 후 질문을 만들고 있는 모습

리가 잘 나는 재료들(구슬, 쌀, 클립 등)을 넣는다.

② 열어볼 수 없도록 미스터리 박스를 완성한다.

③ 모둠별로 하나씩 나눠준다.

④ 미스터리 박스를 흔들어 소리를 들어보며 추측한다.

⑤ 질문을 만든다.

예) 1. 무슨 소리가 들리는 가요?

　　2. 평소 비슷한 소리를 말한다면?

　　3. 왜 철로 만들었나요?

　　4. 주변에서 많이 볼 수 있는 걸까?

　　5. 하나만 있는가? 여러 개가 들어있나?

⑥ 서로의 질문을 통해 미스터리 박스 안의 재료를 추측한다.

⑦ 추측한 재료가 무엇인지 이유를 들어 발표한다.

⑧ 모두의 의견을 들어보고 하나의 의견으로 모은다.

제비뽑기 질문 놀이

적은 질문이 무엇인지 모르기 때문에 질문지를 펼쳐보는 재미를 선사한다. 승패를 결정하는 놀이가 아니라 협력하는 놀이로 창의성을 발휘할 수 있어 학생들이 기다리는 놀이 중 하나이다.

제비뽑기 질문 놀이는 텍스트를 읽고 질문지를 한 곳에 모아 하나씩 뽑으며 진행한다. 자신이 한 질문에 자신이 답할 수도 있고, 다른 사람이 답할 수도 있다. 어떤 질문에 누가 어떤 답을 할지 모른다. 뽑은 사람이 대답을 하는 것이 원칙이나 대답을 하지 못할 경우 모둠 전체에게 생각하고 대답할 기회를 준다.

동시에 질문과 미션을 적기 때문에 무임승차가 없고 시간을 효율적으로 사용할 수 있다. 학생들은 어떤 질문과 미션이 나올지

두근거리는 마음으로 제비뽑기 질문 놀이에 참여한다. 질문뿐만 아니라 미션도 함께 하면 미션 수행의 즐거움을 누릴 수 있어 더 흥미롭다. 다양한 질문지를 설레며 펼쳐보는 것은 배움이 일어나도록 돕는다. 또한, 질문을 주고받으며 경청하는 능력을 신장시키고 참여자들의 관계 형성에도 도움이 된다.

방법
① 주어진 텍스트를 소리 내어 읽고, 중요 부분에 밑줄을 그으며 읽는다.
② 질문지와 질문 통을 준비한다.
③ 각자 3개의 질문과 1개의 미션을 적는다.
④ 질문지에 '사실 질문', '상상 질문', '적용 질문', '종합 질문'을 고루 적도록 한다.
⑤ 질문의 내용이 보이지 않도록 질문지를 접어 질문 통에 넣는다.
⑥ 미션지도 접어 질문 통에 넣는다.
⑦ 어느 정도 질문지가 모이면 제비뽑기 질문 놀이를 시작한다.
⑧ 순서를 정해 질문을 뽑는다.
⑨ 뽑은 학생은 질문을 읽고 답을 한다.
⑩ 미션지를 뽑은 학생은 미션을 수행한다.
⑪ 놀이에 대한 느낌을 나눈다.

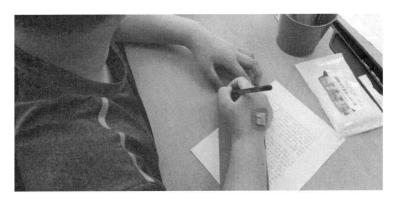

[그림 8] 제비뽑기 질문 놀이에서 제비로 사용할 질문지를 작성하고 있는 모습

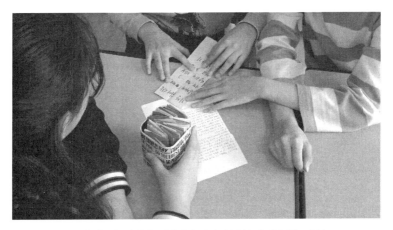

[그림 9] 제비뽑기 질문 놀이에서 질문이나 미션이 적힌 제비를 뽑는 모습

Tip

- 실행이 어려운 미션은 미션으로 만들지 않도록 사전에 약속한다.
- 질문 놀이가 중심 활동이므로 미션지의 양이 많지 않도록 조절한다.
- 단원 도입부터 질문지를 누적하여 단원 정리에서 활용할 수 있다.

2 소통으로 놀아보기

경청 놀이

경청은 한자로 敬(공경할 경)聽(들을 청)이다. 들을 청을 자세히 살펴보면 '귀 이, 눈 목, 임금 왕, 마음 심'으로 이루어져 있다. 귀와 진지한 눈빛, 진심으로 마음을 담아 왕으로 모신다는 뜻으로 풀이할 수 있다.

耳 (귀이)
目 (눈목)
王 (임금왕)
心 (마음심)

듣는다는 것은 마음을 다해 상대방에게 지켜야 하는 예의이다. 많은 학생들은 자신의 이야기를 하느라 친구의 이야기를 듣지 않는다. 듣는 것이 소홀하면 타인과의 관계도 어려워지고 학습에도 도움이 되지 않는다. 학습의 기본은 듣기와 말하기다. 특히, 듣기는 말하기를 위한 기본 조건이다. 짝과 함께 질문하고 답하는 하브루타에서도 듣기는 매우 중요한 요소이다.

그렇다면 어떻게 하면 경청의 기술이 향상될 수 있을까? 막연함 속에서 시작한 질문이지만 경청도 또 하나의 학습 훈련이 필요하다는 것을 깨달았다. 또래 상담 연수에서 알게 된 '달팽이 길 걷기 놀이'는 단순하지만 경청의 중요성을 느낄 수 있는 활동이다.

방법 1. 달팽이 길 걷기 놀이

① 종이에 달팽이 모양을 그려 한 팀(2인)에 한 장씩 나눠준다.

② 짝과 함께 눈을 감는 학생과 길을 설명하는 학생을 정한다.

③ 말을 하는 학생은 설명을 하고, 눈을 감은 학생은 연필로 길을 찾아간다.

④ 말하는 학생은 눈을 감은 학생에게 달팽이 길을 잘 지나갈 수 있도록 끊임없이 설명한다.

[그림 1] 달팽이 길 걷기 놀이

⑤ 달팽이 선에 닿으면 멈추도록 한다.

⑥ 눈을 감은 학생의 느낌을 공유한다.

⑦ 같은 활동을 짝을 바꿔 진행한다.

⑧ 놀이에 대한 느낌을 나눈다.

'숫자 주의 집중 놀이'는 수업 시작 전 주의 집중을 위한 숫자 놀이이다. 학생들에게는 긴장감과 동시에 수업을 준비하는 자세가 만들어진다.

방법 2. 숫자 주의 집중 놀이

① 학생들은 눈을 감는다.

② 교사는 숫자 100부터 시작함을 알려준다.

③ 교사가 최대한 간단한 한 자리 수 덧셈, 뺄셈을 불러준다.

   예) 100-2-5-3+1 =

④ 학생은 빈곳에 답을 적는다. 교사는 정답을 말해주나 학생들의 정답 유무를 검사하지 않는다.

⑤ 주의 집중이 되었다면 본차시 수업에 들어간다.

계산기를 이용한 연산은 문제에 귀를 기울여야 풀 수 있는 '연산 집중 놀이'이다. 특히, 연산 집중 놀이는 많은 시간을 할애하는 것보다 짧더라도 꾸준히 매일 하는 것이 중요하다.

방법 3. 연산 집중 놀이

① 모든 학생들에게 계산기와 답을 적을 수 있는 학습지를 나눠
   준다.

② 미리 준비된 사칙연산을 일정한 속도로 불러준다.

③ 학생들은 계산기를 활용하여 연산 문제의 답을 적는다.

④ 학생의 답을 확인한다.

⑤ 연산에 필요한 숫자와 사칙연산은 점차 늘리도록 한다.

예) $3+4+6+7+9+1 =$ (한 자리수와 더하기만 사용한 경우)

예) $32+4+56+57+62 =$ (자리 수 늘리는 경우)

예) $32+4\times21+8\times6+3 =$ (사칙연산 추가한 경우)

집중! (학생용)	연습하면 무엇이든 할 수 있다.		
초등학교 학년 반 번 이름:			
잘 듣고 정답을 적으시오.	잘 듣고 정답을 적으시오.	잘 듣고 정답을 적으시오.	
월 일	월 일	월 일	
1		1		1	
2		2		2	
3		3		3	
4		4		4	
5		5		5	
6		6		6	
7		7		7	
8		8		8	
9		9		9	
10		10		10	
점 수		점 수		점 수	

집중! (교사용)	연습하면 무엇이든 할 수 있다. (문제와 정답)	
	초등학교 학년 반 번 이름:	

잘 듣고 정답을 적으시오.(문제를 천천히 한번만 불러준다.)

1	54+598+523-57+44-59+897-951+36-9=	1076
2	23+57+86-54+639-501+13-15+41-9=	280
3	25+89+753-495+78-52+987+52-78+23=	1382
4	12+25+987-85+632-54+985+24-901+12=	1637
5	12+35+69-17+97-52+695+708-502+19=	1064
6	25+89+753+495-78+52-987-52-78+23=	242
7	12+85-69-17+97+52-15+708-302+19=	570
8	23+57-56+54+639-501-13-15+41-9=	220
9	101-65+14+89+63+57-25+69-112+13=	204
10	89+52+42-53-12-69+49+103+11-45=	167
점수		

Tip

- 달팽이 놀이 시 천천히 진행하는 학생이 있는 경우 시간 제한을 둔다.
- 달팽이 놀이 마무리할 때 듣는 사람과 말하는 사람의 입장에서 어떤 느낌이고 어떤 예의를 지켜야 할지 토의하면 좋다.
- 사칙연산 기호를 추가하거나 숫자의 자릿수 늘이기, 불러주는 속도 조절 등으로 듣기에 집중할 수 있도록 유도한다.

하브루타 연극 놀이

2015 개정 교육과정에서 '연극'이라는 단원이 신설되었다. 인문학적 소양을 함양하고 체험 중심의 연극 교육을 하기 위해서이다. 연극은 여러 사람이 함께 힘을 합쳐야 해낼 수 있는 장르이기 때문에 하는 과정에서 학생들의 소통과 협동 능력이 향상된다. 창의성을 기르는 연극을 활용하면 학습뿐만 아니라 잠재적인 학생의 상태를 자신도 모르게 표현할 수 있다. 하브루타 연극 놀이를 통해 문학작품을 깊이 있게 이해할 수 있고, 등장인물이 되어 보면서 상상력을 발휘할 수 있다. 하브루타 연극 놀이를 위해 핫시팅과 정지화면 놀이를 활용하였다.

핫시팅(hot seating)

핫시팅은 '뜨거운 의자'(hot seating)란 뜻의 연극 기법으로 배우를 의자에 앉히고 궁금한 점을 물어 보는 활동이다. 학생은 누구나 배우가 될 수 있고, 의자에 앉는 순간 이야기 속 등장인물이 되어 질문을 받고 질문에 대한 답을 한다. 학습 상황을 놀이와 재미로 몰입할 수 있다.

방법
① 텍스트로 짝 하브루타를 한다.

[그림 11] 핫시팅 연극 놀이

② 텍스트에 나온 인물 중 놀이에서 다룰 인물을 정한다.

③ 모둠원은 각자 되고 싶은 인물을 정한다.

④ 같은 등장인물끼리 모여 새로운 모둠을 만든다. 하브루타로 인물 탐색을 한다.

⑤ 미니 인터뷰를 통해 모둠 내에서 전체 인터뷰 할 사람을 정한다.

⑥ 대표 등장인물이 의자에 앉아 전체 인터뷰를 한다.

⑦ 활동 후 소감, 느낀 점에 대해 이야기 나눈다.

정지화면 연극 놀이

정지화면 놀이는 하브루타를 통해 가장 인상 깊은 장면이나 느낌을 정지 동작으로 구성한다. 모둠원의 생각을 공유하고 소통하는 하브루타 과정이 있기에 정지 동작을 표현하는 데 더 수월하다. 정지 동작에도 인물과 스토리가 숨어있다. 친구들이 질문을 하면 더 풍성한 탐색이 일어난다.

방법

① 그림책, 사진, 주제어, 역사적 사실을 모둠별로 제시한다.

② 모둠 하브루타를 한다.

③ 모둠끼리 모여 한 장면을 구상한다.

④ 신호에 맞추어 정지화면을 표현한다.

⑤ 관객(학생)들은 정지화면을 표현한 모둠이 어떤 내용을 표현한 것인지 상상한다.

⑥ 교사 혹은 학생이 한 사람씩 터치하여 풀어준다.

[그림 12] 정지화면 연극 놀이

⑦ 정지화면을 보고 있는 학생들은 터치로 풀린 학생에게 질문한다.

⑧ 터치된 사람은 간단한 말로 자신의 생각을 말한다.

⑨ 정지화면의 스토리를 알아맞힌다.

⑩ 정지화면을 표현한 모둠은 장면과 의미를 설명한다.

⑪ 놀이에 대한 느낌을 나눈다.

Tip

- 정지화면 연극 놀이를 할 때 레디 액션 슬레이트(녹음을 시작한다는 정보를 제공하는 시각적, 청각적 신호), 손가락 지시봉과 같은 소품을 사용한다.
- 터치되지 않은 인물들은 조각상처럼 서 있도록 움직임에 유의한다.

질문 주사위 놀이

주사위는 놀이에 재미와 긴장감을 준다. 주사위와 질문을 결합한 활동이 질문 주사위 놀이이다. 6×6질문 판에는 사실 질문, 상상 질문, 적용 질문, 종합 질문으로 구성된 36개의 질문이 적혀있다. 다양한 질문에 답을 하면서 질문에 친근감을 느낄 수 있다.

질문 판의 종류는 학습자 수준에 맞추어 3×3, 4×4, 5×5, 6×6 등으로 만들 수 있다. 주사위의 점에 스티커를 붙여서 숫자를 바꿀 수 있다. 예를 들어 3×3인 경우에는 1, 2, 3의 숫자만 나오도록 바꾼다. 이 놀이는 주사위를 던지고 질문 판을 사용하는 간단한 방식과 빠른 시간 내에 즐길 수 있는 장점이 있다. 처음 하브루타를 접할 때 질문 만들기를 어려워하는 경우 이 놀이를 통해 질문에 대한 거부감을 줄일 수 있다. 추후 게임이 익숙해지면 본인이 직접 질문 판 뒷면을 활용하여 질문을 바꿀 수 있다.

질문은 마음을 여는 힘이 있기 때문에 서로 서먹한 시기인 학기 초에 활용하면 좋다. 초기에는 질문 판을 교사가 직접 만들어 제시하고 점차 익숙해지면 학생들이 만들 수 있도록 한다. 이 놀이를 통해 대인 관계 역량, 의사소통 능력, 지식 정보 처리 역량을 키울 수 있다.

방법

① 질문판과 주사위 2개를 준비한다.

② 주어진 텍스트를 두 번 읽는다(소리 내어 읽기, 중요 부분 밑줄 그으며 읽기).

③ 주사위를 던져 나온 주사위의 눈으로 질문을 확인한다(가로-큰 주사위, 세로-작은 주사위).

④ 질문 판의 해당 칸 질문에 답을 한다.

⑤ 놀이에 대한 느낌을 나눈다.

질문판(앞)

질문주사위	1	2	3	4	5	6
1	누가?	언제?	어디서?	무엇을?	어떻게?	왜?
2	~의 단어 뜻은?	~라는 문장의 의미는?	~에 대해 어떤 생각이 드나요?	~과 ~의 공통점은 무엇 일까요?	~과 ~은 어떻게 다를 까요?	~의 장단점은 무엇 인가요?
3	~의 원인은 무엇 일까요?	~의 해결방법 은 무엇 일까요?	~의 목적은 무엇 인가요?	이 글을 읽 고 난 뒤 기억나는 단어는?	인상 깊었던 내용은?	흥미로운 부분은?
4	이 글을 읽 고 아쉬운 점은?	이해가 잘 안 되는 부분은?	어려운 단어는?	이 글을 읽고 알게 된 것은?	중요한 내용은?	이 글과 비슷한 이야기가 있나요?
5	만약 ~라면?	만약 ~했다면?	만약 ~한다면?	비슷한 경험이 있나요?	비슷한 경험에서 어떻게 했나요?	비슷한 상황에 처하면 어떻게 할 건가요?
6	우리에게 말하고자 하는 바는 무엇일까 요?	교훈은 무엇 일까요?	반성할 점은 무엇 일까요?	다른 친구에게 읽은 글의 내용을 말 해주세요.	보이는 문제 상황이 있나요?	이 글을 읽고 생각 나는 장면 은?

하브루타 수업디자인

질문\주사위	1	2	3	4	5	6
1						
2						
3						
4						
5						
6						

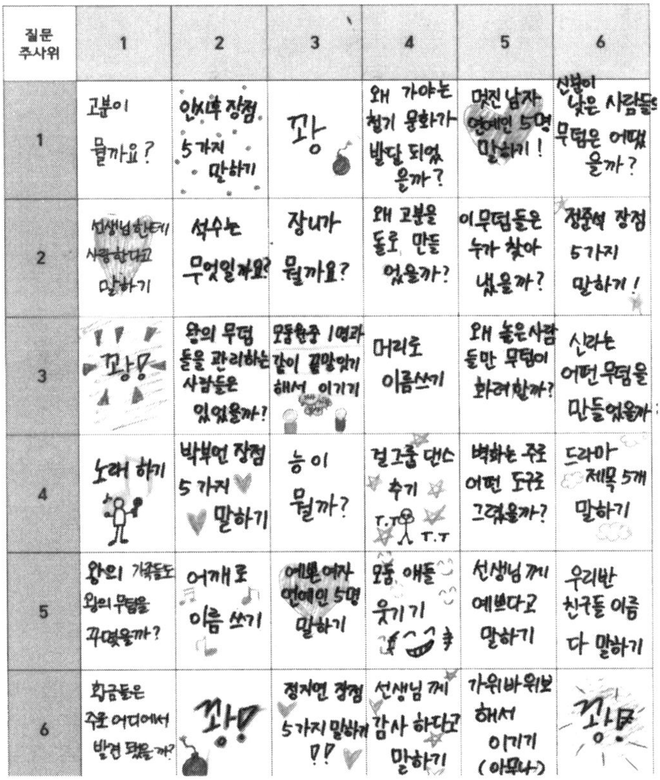

질문\주사위	1	2	3	4	5	6
1	고분이 뭘까요?	안녕 장점 5가지 말하기	꽝	왜 가야는 철기 문화가 발달 되었을까?	멋진 남자 연예인 5명 말하기!	신분이 낮은 사람들의 무덤은 어땠을까?
2	선생님한테 사랑한다고 말하기	석수는 무엇일까요?	장나마 뭘까요?	왜 고분을 돌로 만들었을까?	이 무덤들은 누가 찾아 냈을까?	정준혁 장점 5가지 말하기!
3	꽝	왕의 무덤을 관리하는 사람들은 있었을까?	모둠학중 1명과 같이 끝말잇기 해서 이기기	머리로 이름쓰기	왜 높은 사람들만 무덤을 화려할까?	신라는 어떤 무덤을 만들었을까?
4	노래 하기	박보현 장점 5가지 말하기	능이 뭘까?	걸그룹 댄스 추기	벽화는 주로 어떤 도구로 그렸을까?	드라마 제목 5개 말하기
5	왕의 가족도 왕의 무덤을 꾸몄을까?	어깨로 이름 쓰기	예쁜 여자 연예인 5명 말하기	모둠 애들 웃기기	선생님 께 예쁜다고 말하기	우리반 친구들 이름 다 말하기
6	화금들은 주로 어디에서 발견 됐을까?	꽝	정자연 장점 5가지 말하기	선생님 께 감사 하다고 말하기	가위바위보 해서 이기기 (아무나)	꽝

[그림 13] 질문 주사위 놀이 학생들이 만든 뒷판

- 주사위 1개를 두 번 던져도 된다.
- 학기 초 서로에 대해 알 수 있는 취미와 특기 등의 질문으로 바꾸어도 좋다 (관계 맺기를 위한 질문).
- 불편함을 주지 않는 선에서 미션을 넣어 재미 요소를 가미해도 좋다.

생각 주머니 놀이

학생들이 제일 싫어하는 3가지가 생각하기, 말하기, 글쓰기라고 한다. 말하고 글을 쓰기 위해서는 생각이 우선되어야 하는데 생각하는 것조차 싫어하는 학생들이 많다. 생각을 하도록 유도하는 것에 관심을 갖고 있던 차에 공개수업을 참관하였다. 동기 유발을 위해 비밀 상자에서 무언가 꺼내는 모습을 보고 무릎을 탁 쳤다. 생각 주머니는 질문과 생각을 함께 어울려 소통을 하면 좋겠다는 생각으로 만들었다.

생각 주머니에는 질문을 적은 종이가 담겨 있고 학생들이 주머니 속 질문을 뽑아서 짝과 함께 활동하는 방법이다. 질문의 주제는 교사가 융통성 있게 정한다. 단순히 학습지에 질문을 만들어 활동을 하다 보면 지루하거나 같은 것을 반복한다는 느낌이 올 때가 있다. 이런 상황에서 조금 색다르게 접근하기 좋은 방법이다.

또 다른 방법으로는 생각 주머니에 질문 대신 단어를 넣는 것이다. 뽑은 단어들을 연결하여 하나의 문장을 만든다. 문장을 만든 이유를 설명해야 하기 때문에 궁리를 하게 된다. 이러한 활동을 통하여 생각하는 힘이 향상된다. 생각해서 말하고 질문하고 다시 말하는 과정이 놀이처럼 진행되어 흥미로운 시간을 만들 수 있다.

[그림 14] 생각 주머니에서 질문을 뽑는 모습

방법1. 질문을 활용하는 경우

① 질문 광장 게시판의 질문을 주머니 안에 넣는다.

② 돌아가면서 주머니 안의 질문을 하나씩 뽑는다.

③ 짝과 함께 하브루타를 한다.

④ 친구들과 함께 나누고 싶은 생생 질문을 추천한다.

⑤ 선택된 생생 질문으로 반 전체 하브루타를 한다.

⑥ 놀이에 대한 느낌을 나눈다.

[그림 15] 생각 주머니에서 뽑은 두 단어를 활용하여 문장 만들기

방법 2. 단어를 활용하는 경우

① 원형 배열로 앉는다.

② 미리 준비된 주머니 안의 단어를 교사와 학생이 각각 뽑 는다.

③ 뽑은 두 단어를 연결하여 하나의 문장으로 만든다.

④ 문장을 읽고 만든 이유를 설명한다.

⑤ 친구들의 문장을 듣고 질문을 만들어 주머니에 넣는다.

⑥ 돌아가면서 주머니의 질문을 뽑고 그 질문에 대한 답변을 한다.

⑦ 놀이에 대한 느낌을 나눈다.

- 단면 코팅지를 책갈피 모양으로 만들어 교실 한 곳에 두고 수시로 질문을 적어 생각 주머니 안에 넣는다.
- 생각 주머니 속의 단어는 교육과정(수업)의 핵심어로 사용한다.
- 저학년은 단어, 그림 카드, 감정 카드를 넣어 두어 활용하면 좋다.

비주얼 논리 질문 놀이

그림은 언어 이전에 만국공통어다. 시각 언어는 더욱 발전하고 있다. 현대에는 시각 매체를 통해 지식과 정보를 획득한다. 뇌는 텍스트보다 이미지를 더 오래 기억할 뿐만 아니라 이미지로 저장된 많은 정보로 가득 차 있다. 픽토그램(그림 문자)은 의미하는 내용에 대해 언어를 초월하여 시각적인 상징을 통해 직관적으로 의사전달을 할 수 있다. 화장실 픽토그램은 장소나 의미를 담은 그림문자이기에 그 지역의 문자와 언어를 모르더라도, 모든 사람이 알아볼 수 있어 화장실을 찾아갈 수 있다. 데이터 아트도 시각화 데이터를 이용하여, 글로 설명된 것보다 이해하기가 쉽고, 기억에 오래 남는다는 장점을 가지고 있어 기업 등 다양한 곳에서 사용이 늘어나고 있다.

그림이나 시각 매체를 통해 각 대상이 갖고 있는 특징을 연결하고, 어울리지 않을 것 같은 사물들을 재배열함으로써 상상력을 계발한다. 쉽게 이해하고 접근할 수 있는 시각 자료와 추리를 기반으로 하는 놀이를 하브루타에 적용하여 만든 것이 비주얼 논리 질문 놀이이다.

비주얼 논리 질문 놀이는 여러 개의 사진이나 그림을 보면서 다른 하나를 찾아가는 추리를 하고 스토리를 만드는 놀이다. 상관없는 두 가지를 연결하면 상상의 나래가 펼쳐져 창의적인 스토리를 만들 수 있다.

방법 1. 데이터 아트 활용
① 데이터 아트 자료를 제시한다.
② 시각화된 데이터를 보면서 질문을 만든다.
③ 짝과 하브루타를 한다.
④ 나만의 데이터 아트 스토리텔링을 작성한다.
⑤ 짝과 다시 한 번 이야기를 나눈다.
⑥ 자신의 스토리를 반 전체와 공유한다.

방법 2. 사진 활용
① 각자 원하는 사진 한 장을 선택한다.
② 단원 학습과 관련된 낱말을 제시한다.
③ 선택한 사진과 주어진 낱말로 문장을 만든다.

④ 짝과 함께 논리 게임을 한다.

⑤ 짝을 바꾸어 논리 게임을 한다.

⑥ 교사와 함께 전체 토론을 진행한다.

Tip

• 고학년에게는 문자, 그림 기호 요소를 내포한 데이터 아트를 활용하여 다양한 논리 질문을 만들어 해석하는 것을 권한다.

• 포스터를 활용하여 자료 안에 내포된 의미를 찾아가는 것도 좋다.

비주얼 논리 질문 놀이 활동지	
☆ 데이터 아트를 보고 질문을 만들어 짝 하브루타를 해 봅시다.	

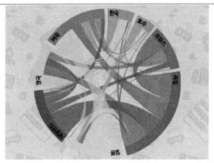

출처: 경제협력개발기구(OECD) 무역 통계 (2012), 관세청

Q1	
Q2	
Q3	
Q4	
Q5	
Q6	
Q7	
Q8	
Q9	
Q10	

☆ 나만의 데이트 아트 스토리텔링을 만들어 봅시다.

[그림 16] 비주얼 논리 질문 놀이 학습지

비주얼 논리 게임 활동지	
Q1	자신이 선택한 사진은 무엇입니까?
Q2	선생님이 제시한 낱말은 무엇입니까?
Q3	선택한 사진과 제시된 낱말을 연결하여 문장을 만들어본다면?
Q4	왜 그런 문장을 만들었나요?
Q5	나와 친구의 생각의 차이점은 무엇인가요?
소감 나누기	

[그림 17] 비주얼 논리 게임 학습지

질문 공놀이

질문 공놀이는 질문을 적은 메모지를 구겨 공 모양으로 만드는 것으로 시작한다. "하나, 둘, 셋!" 소리와 동시에 던진다. 학생들이 구기는 것 자체가 신나고 재미있어 생기를 불어넣게 된다. 공 모양 대신 비행기를 접어 날려도 좋다.

또 하나의 질문 공놀이는 카드 뒤집기와 콩 주머니 모으기 놀이를 응용한 놀이이다. 컵 안에 질문 공을 던져 빙고를 하는 놀이다. 주제를 정하고 관련된 질문을 만들어야 하기에 질문 만들기에 익숙해질 수 있다. 이때 질문이 다소 이상하더라도 모두 인정해주는 것이 중요하다. 평소 쓸데없고 바보 같은 질문은 없다는 것을 강조하면서 게임에서는 엉뚱한 질문은 안 된다고 하는 것은 앞뒤가 맞지 않는다. 엉뚱하지만 주제와 관련된 질문은 수용해준다. 제한 시간 내에 주제를 보고 질문을 만드는 게임이기에 가능하다. 학생들은 질문 만들기를 어려운 것으로만 생각하지 않고 다 함께 놀 수 있는 도구가 있어 흥미를 보인다. 발달단계상 몸을 움직이는 것을 좋아하는 초등학생들에게 좋은 활동이다.

방법 1. 질문공 빙고 놀이
① 주제가 적힌 프레젠테이션을 준비한다.
② 종이(색종이 가능)에 주제와 관련된 질문을 적는다.

[그림 18] 질문 공을 컵 안에 넣어 '질문공 빙고'를 하는 모습

③ 질문을 적은 친구들은 여분의 종이에 미션을 적는다.

④ 질문과 미션이 적힌 종이를 공 모양으로 만든다.

⑤ 원형 배열로 앉은 상태에서 가운데 컵을 3×3배열로 세운다.

⑥ 질문공을 컵에 넣는다.

⑦ 질문 공을 컵 한 줄에 넣게 되면 빙고가 된다.

⑧ 빙고가 된 컵에 넣어진 질문공을 꺼내 질문을 읽고 이야기를
   나눈다.

⑨ 놀이에 대한 느낌을 나눈다.

방법 2. 질문공 던지기 놀이

① 양쪽으로 팀을 나눠 선으로 표시한다. 가운데 선도 표시한다.

② 주제와 관련된 질문을 종이에 적는다.

③ 질문을 적은 친구들은 여분의 종이에 미션을 적는다.

④ 시작 신호와 동시에 자신의 질문공을 상대방의 영역에 던진다.

⑤ 음악이 멈추면 자신 영역의 공을 모은다.

⑥ 공을 적게 가지고 있는 팀이 이긴다.

⑦ 한 곳에 질문 공을 모은다.

⑧ 제비뽑기 방법으로 질문공을 하나 뽑는다.

⑨ 질문공에 적힌 질문으로 하브루타를 하거나 미션을 수행한다.

⑩ 놀이에 대한 느낌을 나눈다.

[그림 19] 팀을 나눠 서로의 영역에 질문공을 던지는 모습

- 〈방법 2〉에서 질문공으로 A4 용지를 사용하는 것이 좋다. 종이 한 장에 하나의 질문을 적기 때문에 이면지 사용을 권장한다. 〈방법 1〉의 질문공은 컵 안에 넣을 수 있도록 색종이를 사용하면 좋다.
- 질문공을 던질 때는 얼굴을 향해 던지지 않도록 안전교육을 반드시 실시한다.

하브루타 말판 놀이

수업 시간 학생들과 함께 가장 많이 하는 놀이 중 하나가 말판 놀이다. 말판 놀이는 교과서에도 자주 등장한다. 수학 시간 사칙 연산에도 유용하다. 학생들은 같은 것을 반복하더라도 방식이 달라지면 새롭게 느낀다. 말판 놀이도 학습으로 느껴지지 않도록 재미를 더했지만 놀이 속에 배움이 숨어 있다.

말판 놀이는 말판 위의 말이 도착점에 먼저 도착하면 이기는 간단한 게임이다. 말이 지나가는 칸에 다양한 것을 적용할 수 있다. 예를 들어 사칙연산을 적용한다면 계산식을 해당 칸에 적고 그곳에 말이 오면 주어진 식을 푼다. 정답인 경우 말은 해당 칸에 있고 오답이면 그 전 칸으로 돌아가는 방식이다.

하브루타 말판 놀이는 기존의 말판 놀이와 동일한 방식이다. 한

가지 추가된 것은 질문이다. 해당 칸에 주제어를 적고 그곳에 도착한 말은 주제와 관련된 질문을 만들어야 한다는 것이다. 주제와 관련된 질문을 인정하는 것은 상대팀이 결정한다. 결정에 따라 말의 위치는 달라진다. 칸에 질문을 적고 그것에 대한 답변을 하는 방법도 있다. 게임 요소를 통해 즐겁게 질문을 하며 서로 소통할 수 있는 좋은 활동이다.

방법 1. 말판에 단어 적고 질문하며 놀기

① 빈 말판에 주제에 관한 단어를 적는다. 교사가 미리 제시해도 좋다.

② 자신의 말을 정한다.

③ 가위바위보를 해서 가위는 2칸, 바위는 1칸, 보는 5칸 이동한다.

④ 말이 이동하여 해당 칸에 오면 적힌 단어에 관한 질문을 말한다.

⑤ 단어에 관련된 질문을 상대팀이 인정하면 그곳에 머문다.

⑥ 말이 도착점에 먼저 오면 승리한다.

방법 2. 말판에 문제 만들어 적고 풀면서 놀기

① 포스트잇에 수학 문제를 적는다. 교과서, 익힘책을 참고한다.

② 포스트잇을 반으로 접어 말판에 붙인다.

③ 자신의 말을 정한다.

④ 가위바위보를 해서 가위는 2칸, 바위는 1칸, 보는 5칸 이동한다.

⑤ 말이 해당 칸에 오면 문제를 푼다. 정답이면 그곳에 머문다.

⑥ 말이 도착점에 먼저 오면 승리한다.

[그림 20] 하브루타 말판 만드는 모습

[그림 21] 하브루타 말판 놀이 활동 모습

- 재미를 더하기 위해 말판에 미션을 추가해도 좋다.
- 말판 놀이가 끝난 후 친구가 한 질문 중 인상 깊은 것을 선정하여 이야기 나누는 시간을 가지면 좋다.
- 수업과 관련된 주제를 주면 학습과 연계 가능하다.

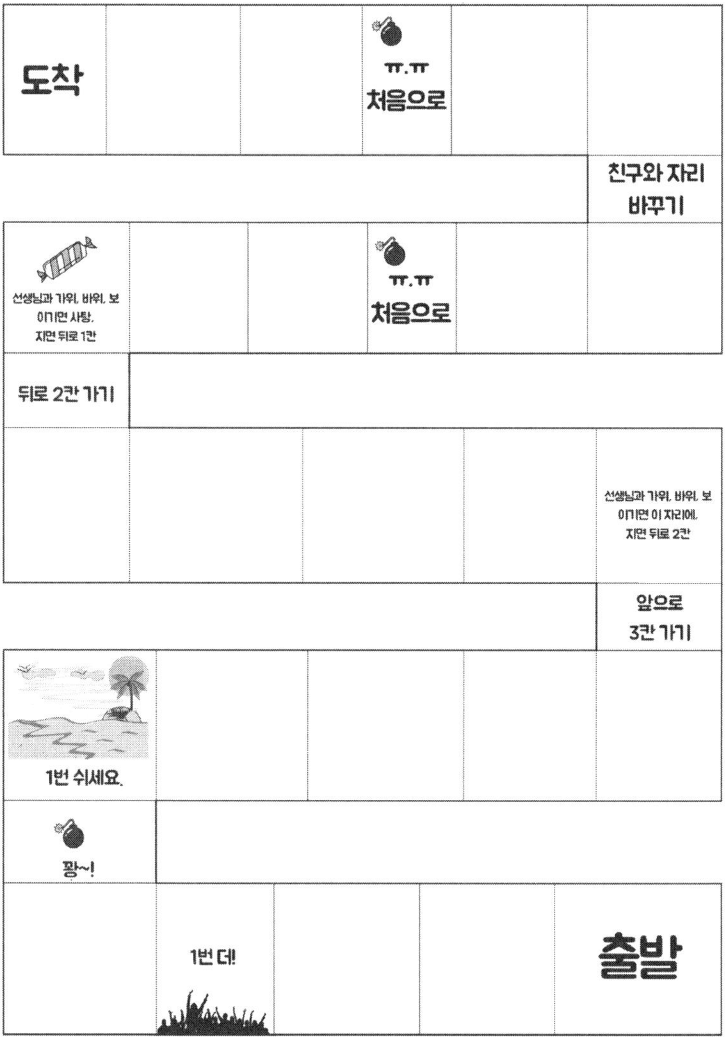

도착		ㅠ.ㅠ **처음으로**		
				친구와 자리 바꾸기
선생님과 가위, 바위, 보 이기면 사탕, 지면 뒤로 1칸		ㅠ.ㅠ **처음으로**		
뒤로 2칸 가기				
				선생님과 가위, 바위, 보 이기면 이 자리에, 지면 뒤로 2칸
				앞으로 3칸 가기
1번 쉬세요.				
쾅~!				
	1번 더!			**출발**

[그림 22] 하브루타 말판 사례

3 존중으로 놀아보기

질문 피라미드로 놀아보기

많은 토론의 종류 중 하나인 피라미드 토론을 하브루타에 응용해보았다. 피라미드 토론[22]은 모든 학생들이 의견을 가지고 토론에 참여하고 단계를 거듭하면서 의견을 좁혀나가는 토론 방식이다. 모두가 참여하여 의견을 낼 기회가 생기고 토론에 적극적이지 않은 학생도 책임감을 가지고 참여할 수 있기 때문에 가장 좋아하는 토론 기법이다. 피라미드 모양처럼 다양한 의견에서 시작하여 의견이나 해결책을 찾기 위한 토의에 활용하면 좋다. 자신의 의견에 대한 타당한 근거를 제시할 줄 알고 협의 과정에서 적극적으로 협조하며 참여하는 것이 중요하다.

질문 피라미드에서는 문장이나 생각 대신 질문을 적는다. 질문 중심 하브루타 수업모형을 적용할 때 생생 질문을 결정하는 좋은 방법이기도 하다. 한 사람이 4가지의 질문을 적어 두 사람이 대화를 통해 8개의 의견을 4개로 좁히는 것을 생략하고 한 사람이 자신의 질문 중 친구들과 나누고 싶은 질문 하나만 적어야 한다. 짝과 함께 하는 것이 아니라 3~4명의 친구들이 함께 한다는 것에 차이가 있다.

앞에서 언급한 생생 질문이 무엇인지 궁금할 것이다. 하브루타를 수업에 적용하는 교사들 중에는 좋은 질문 또는 핵심 질문이라고 부르기도 한다. 하지만 학생들이 생각한 질문 중에는 '좋다, 나쁘다'를 평할 수 없을 때가 많다. 어떤 것은 가장 중요한 핵심 질문이고 나머진 쓸데없는 질문이라는 이미지를 주지 않아야 한다. 그래서 생각('생')하고 살아있다('생')는 뜻을 담아 "생생 질문"이라는 용어를 쓰게 되었다. 생생 질문의 의미를 혼자만의 생각이 아니라 친구들과 나누고 싶은 질문이라고 충분히 설명한 후 활동을 진행했다. 즉, 생생 질문을 고르기 위해 피라미드 토론을 응용한 것이다.

방법

① 자신이 만든 질문 중 나만의 생생 질문을 선택한다.

※ 텍스트 또는 그림에 대한 다양한 질문을 만든 후 자신의 질문 중 친구들과 나누고 싶은 질문을 포스트잇에 적는다. 질문 피라미드 판 맨 아래 칸에 먼저 붙이고 그 질문을 나누고 싶은 이유를 친구들에게 말한다. 처음에는 대충 하나 골라 적은 학생도 있지만 자신이 적은 질문에 대한 이야기를 해야 하기 때문에 몇 가지 근거를 낼 수 있는 질문으로 고르게 된다.

② 포스트잇에 생생 질문을 적는다.

[그림 23] 질문 피라미드 하브루타 활동 모습

③ 질문 피라미드 맨 아래 칸에 붙인다.

④ 각자 자신의 생생 질문을 설명한다. 4명의 친구들이 각자 자신이 선택한 질문에 대해 설명한다.

⑤ 친구의 생생 질문에 대해 질문한다.

※ 서로 질문하면서 어떤 질문이 생생 질문인지 진솔하게 이야기하는 모습은 디베이트와 또 다른 모습이다. 친구의 이야기를 잘 경청하고 궁금한 것을 물어보면서 나누는 대화 속에서 자신의 질문도 주장할 수 있기 때문에 진지한 모습을 보인다.

⑥ 4개 중 선정된 2개를 위 칸으로 이동하여 붙인다.

※ 4개의 질문 중 친구들의 의견을 다 들어보고 가장 나누고 싶은 질문 2개를 골라 피라미드 판에서 위로 올려붙인다. 나머지의 의견은 그대로 둔다. 이렇게 하여 4개의 질문이 2개로 줄어들면 자신이 지

[그림 24] 선정된 생생 질문을 질문 피라미드 판 가장 위에 부착하는 모습

지한 질문에 근거를 들어 주장한다.

⑦ 자신이 선택한 생생 질문에 대해 설명하고 의견을 주고받는다.

⑧ 2개 중 선정된 1개를 맨 위에 붙인다.

※ 모둠에서 선정된 1개의 질문이 모둠 대표 생생 질문이 되고 이 과정
을 다시 한 번 진행한다. 반 대표가 되는 질문이 결정된다. 어떤 모둠
의 생생 질문이 "오늘의 생생 질문"이 되는지 모르기 때문에 모둠에
서 더 진지하게 참여한다.

⑨ 모둠의 생생 질문을 설명하기 위해 모둠원들의 의견을 모은다.

⑩ 모둠 생생 질문을 칠판 하단에 붙인다.

⑪ 모둠 대표가 나와 자신의 모둠 생생 질문을 설명한다.

⑫ 전체 의견을 수렴하여 "오늘의 생생 질문"을 선정한다.

처음부터 학생들이 질문 피라미드를 즐긴 것은 아니다. 특히,

모둠원 중 공부를 잘하는 학생이 있거나 친구들 사이에서 인기가 있는 학생이 있으면 그 모둠의 생생 질문은 그 학생 질문이 선정되는 경우가 많다. 하지만 "오늘의 생생 질문"에서는 그렇게 되는 경우가 드물었다. 아이들은 교사가 모르는 힘의 논리가 있는 듯 보였다. 이를 방지하기 위해 인기투표가 아님을 상기시켜줄 필요가 있었다. 작은 약속이지만 질문 피라미드 활동을 할 때 함께 읽고 시작했더니 보이지 않은 힘에 의해 움직이던 학생들이 점차 자신의 생각을 자신 있게 말하고 참여하였다.

생생 질문은 함께 나누고 싶은 질문을 선정하여, 전체적인 소통을 하기에 딱딱한 텍스트보다 딜레마가 있는 글을 공부할 때 활용하면 좋다. 아이들이 직접 고른 생생 질문들 가운데는 교사가 의도하지 않아도 목표에 도달할 수 있게 하는 질문들이 생각보다 많이 나온다. 이 부분을 놓치지 않고 수업에 활용하는 것은 교사의 몫이다.

Tip

- 포스트잇에 질문을 적을 때 문장 전체보다는 간단한 단어만 적는다.
- 그림을 그려서 그린 이유를 설명하고 질문을 통해 질문 피라미드를 한다.
- 모둠 생생 질문 고르는 시간을 여유 있게 제공하면 좋다.

스토리 빙고 하브루타

놀이로 생각을 나누는 가장 좋은 방법 스토리 빙고!

글을 읽고 중심 내용과 중심 문장을 파악하는 능력을 향상시키는 방법에 대해 고민해왔었다. 학생들은 자신의 머리에서 맴도는 단어를 실제로 말하기까지 많은 시간이 걸린다. 자신감이 없는 학생들은 수업 시간에 발표하는 기회가 적다. 발표를 잘하고 자신의 생각을 표현하기 위해 말하기 연습이 필요하다. 어떻게 하면 좀 더 쉽게 글의 내용을 파악하고 생각을 나누는 것에 흥미를 느끼게 할까?

종이와 연필만 있으면 가능한 빙고 게임과 하브루타의 만남. 스토리 빙고! 논제와 관련된 핵심어들을 찾으면 글의 줄거리를 간추릴 수 있다. 그리고 글의 의도나 주제 및 교훈을 파악하는 데 도움이 된다. 중심 단어를 보며 이야기하는 방식은 표현력을 높이고 자신감을 키워준다. 논리적 사고와 전략적 사고의 힘을 가진 빙고 놀이와 자신감과 표현력을 키워주는 스피치 훈련, 텍스트를 보고 질문하고 생각하게 하는 하브루타! 이 모든 과정이 연결된다면 일석이조, 일거양득! 생각의 힘을 키워주는 하브루타와 만나면 더 큰 시너지 효과를 볼 수 있다.

일반적인 빙고 게임	스토리 빙고 게임
• 정사각형의 바둑판 모양 • 제시된 주제에 관한 단어 및 숫자 적기 • 하나씩 부르면 색연필로 표시하기 • 한 줄 또는 두 줄 채운 사람이 빙고 외침	• 세로 8칸 모양 • 텍스트에서 중심 낱말 찾아 적기 • 하나씩 부르면 세로의 위, 아래만 찢기 • 가장 먼저 찢은 사람이 빙고 외침

스토리 빙고는 어디든 응용가능하다. 국어 시간에 이야기를 잘 이해했는지 확인할 필요가 있을 때, 중심 문장을 골라 이야기를 완성하고자 할 때 주로 하면 좋다. 사회 시간에는 아이들에게 꼭 알리고 싶은 내용을 발췌하여 텍스트를 만들어 준다. 특히, 역사의 흐름을 공부할 때 더 효과를 볼 수 있다. 빙고 게임으로 접근하기 때문에 학습에 부담을 느끼지 않고 즐길 수 있으며 학생이 수업의 주체가 되어 시간 가는 줄 모르고 참여한다.

스토리 빙고를 하는 첫 시간에는 텍스트를 읽고 빙고 놀이까지만 시행해보자. 처음부터 전체적인 느낌 나누기까지 하다 보면 아이들도 부담스러워하고 이때 느낌이 들어 교사도 지치는 경우가 발생한다. 가장 중요한 것은 아이들의 흥미를 유지하면서 집중할 수 있도록 하는 것이다. 그러기 위해서는 교사가 끈기를 가지고 하나씩 접근하는 것이 중요하다.

방법

① 텍스트를 읽는다.

② 중심 낱말 8개를 골라 텍스트에 표시한다.

③ 빙고 종이에 자유롭게 배열한다.

④ 친구들과 돌아가며 낱말을 말한다.

⑤ 불려진 낱말이 빙고 종이에 있으면 찢는다. 단, 낱말이 위나 아래에 위치했을 때 찢을 수 있다.

[그림 25] 낱말을 적은 8칸 세로 빙고를 찢고 있는 장면

⑥ 두 낱말이 남고 마지막 찢는 순간 "빙고"라고 외친다[23].

⑦ 낱말이 적힌 찢어진 종이를 스토리에 맞게 다시 배열한다.

⑧ 자신이 배열한 낱말들을 보며 짝에게 스토리를 이야기한다.

⑨ 들었던 친구가 자신의 낱말 배열을 보고 짝에게 스토리를 이야기한다.

⑩ 낱말을 보면서 질문을 만든다.

[그림 26] 찢어진 종이 낱말을 배열하는 장면

⑪ 만든 질문을 보면서 짝과 함께 질문을 주고받는다.

⑫ 낱말 중 하나를 선택하여 낱말의 주인공이 되어본다(핫시팅

기법).

⑬ 전체적인 느낌을 나눈다(쉬우르).

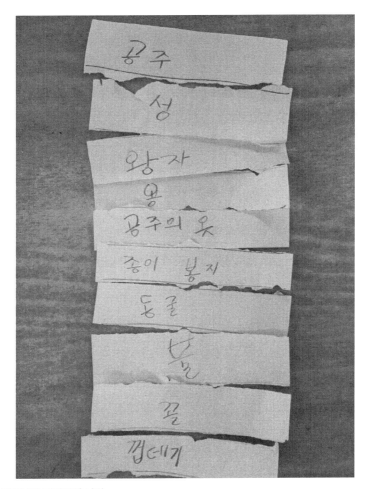

[그림 27] 재배열한 낱말

Tip

- 발달단계에 따라 세로 빙고 칸을 조절할 수 있다.
- 단원 정리, 역사적인 사건 흐름에 활용하면 좋다.

FIM Q 카드로 놀아보기

카드는 보드게임에서 많이 활용하는 도구이다. 규칙이 간단하여 남녀노소 누구나 쉽게 몰입하여 재미있게 활동한다. 처음에 질문의 유형 및 단계를 안내할 때 좀 더 쉽고 친숙하게 다가갈 수 없을까 고민을 했다. 사실 질문, 상상 질문, 적용 질문, 메타 질문에 대해 잘 안내해주고 싶어 질문 카드를 구상했다.

FIM Q 카드는 텍스트 편과 이미지 편이 구분되어 있다. 이미지 편에는 사진, 명화, 그림 등이, 텍스트 편에는 속담, 고사성어, 사자소학 등이 있다.

앞면에는 여러 가지 이미지 또는 텍스트가 있고 뒷면에는 앞면과 관련된 5~6개의 예시 질문이 적혀 있다. F(Fact)는 사실 질문이고 녹색 테두리, I(Imagination)는 상상 및 적용 질문이며 주황색 테두리, M(Metacognition)은 종합(메타) 질문으로 보라색 테두리를 사용하였다. 사실 질문은 사진에서 답을 찾을 수 있는 질문으로 알이 둥지에 있는 캐릭터로 나타내었다. 상상 및 적용 질문은 '만약에~', '나라면~'으로 시작할 수 있는 질문으로 알에서 싹이 나는 캐릭터로 표현하였다. 종합인 메타 질문은 사진에서 주는 의미나 생각을 깊이 이해할 수 있는 질문으로 메타인지 M의 왕관을 쓴 캐릭터로 꾸며보았다.

카드는 서로의 마음을 연결해주는 효과적인 도구로 말을 꺼낼 수 있는 매개체, 촉매제의 역할을 수행한다. 마음을 들여다볼 수 있는 창을 열어주기도 한다. 질문을 자연스럽게 접할 수 있고 관계 형성에 도움을 준다. 질문 만들기를 어려워하는 학생들도 부담 없이 즐겁게 참여할 수 있다.

방법 1. 마음 열기

① FIM Q 카드 이미지편 카드들을 늘어놓는다.

② 카드의 이미지들을 골고루 살펴본다.

③ 교사는 "현재 자신의 마음을 설명할 수 있는 카드를 고르세요."라고 안내한다.

④ 카드 한 장을 고른 후 선택한 이유를 설명한다.

⑤ 카드를 선택한 이유를 설명한다.

⑥ 설명이 끝나면 뒷면을 확인한다.

⑦ 질문 중 가장 마음에 드는 질문을 고른다.

⑧ 짝과 함께 질문에 대해 이야기를 나눈다.

⑨ 놀이에 대한 느낌을 나눈다.

방법 2. 질문에 답하며 카드 모으기

① FIM Q 카드 이미지편 카드들을 이미지가 보이도록 책상 위에 쌓아놓는다.

② 가위바위보로 순서를 정한다.

③ 자신의 순서가 되면 맨 위 카드를 집어 뒷면이 보이지 않게 든다(이미지만 보이게한다).

④ 카드를 가진 학생은 제시된 질문을 참고하여 F, I, M 질문들 중 하나를 말한다.

⑤ 질문에 가장 먼저 답을 한 학생이 카드를 가져간다.

⑥ 답을 한 학생이 없으면 질문한 학생이 가져간다.

⑦ 카드를 가장 많이 모은 사람이 승리한다.

⑧ 놀이에 대한 느낌을 나눈다.

[그림 28] FIM Q 카드 뒷면 질문을 확인하며 놀고 있는 모습

방법 3. 이미지 맞추기

① FIM Q 카드 이미지가 보이지 않도록 책상 위에 쌓아 놓는다.

② 보이는 질문들을 확인한다.

③ F질문, I질문, M질문들을 읽고 하브루타를 한다.

④ 질문을 주고받는 중 이미지를 예상하여 말한다.

⑤ 이미지를 확인한다.

⑥ 놀이에 대한 느낌을 나눈다.

Tip

- 학생들 스스로 놀이 방법들을 창의적으로 만들게 해도 좋다.
- 이미지가 비어 있는 카드는 만능 카드처럼 활용하여 게임에 재미를 더한다.
- 영어 버전은 영어 수업 시간에 활용할 수 있다.

라파엘(Raphael)의
질문-대답 관계 모형으로 질문 만들기

질문 만들기 하브루타를 하면 교사는 학생들의 질문 수준을 알수 있다. 어떤 질문을 하느냐에 따라 수업의 질이 달라질 수도 있고 학생들이 공유하는 내용도 달라진다. 단순한 대답을 요구하는 질문을 만드는 것에서 시작하여 깊은 생각을 요구하는 질문을 만들기까지는 연습이 필요하다.

　질문 생성에 대해 본질적으로 다가가는 쉬운 방법이 무엇일까, 사고의 흐름을 자신의 언어로 표현하는 연습 방법은 없을까 고민하던 중 '물음표로 채워가는 느낌표 수업'의 한 연수를 통해 라파엘(Rapheal)의 '질문-대답 관계(Question and Answer Relation) 모형'에 대해 알게 되었다. 보통 텍스트를 읽고 난 뒤 하브루타 질문 종류를 염두하며 질문을 만드는 것에 집중했다. 그런데 답을 보고 어울리는 질문을 만드는 연습을 통한 질문 만들기는 신선했다.

　라파엘(Rapheal)의 질문-대답 관계 모형[24]을 적용한 질문 생성 전략들을 생각해보았다. 유형들은 질문을 만드는 데 하나의 틀을 제공해주는 역할을 한다. 수업에서는 유형별 질문 내용을 학습지를 통해 차근차근 단계적으로 접하는 것이 효과적이다. 각 유형이 의미하는 질문을 생각하면서 질문을 만드는 연습을 충분히 한다. 질문을 분류하고 만드는 연습을 통해 질문 생성 능력이 향상될 수 있다.

- 유형 1: '바로 거기에 질문'이다. 답이 텍스트의 한 문장 안에 담겨 있어서 글의 구조를 따지지 않더라도 답할 수 있는 질문을 의미한다. 예를 들어, '주인공 이름은 무엇인가?', '어디에 살고 있는가?' 등 사실 확인을 위한 질문이 해당된다.
- 유형 2: '생각하고 탐색하기 질문'이다. 답이 텍스트의 여러 곳에 흩어져 있어서 텍스트의 여러 부분들을 결합해야 답할 수 있다. 저자

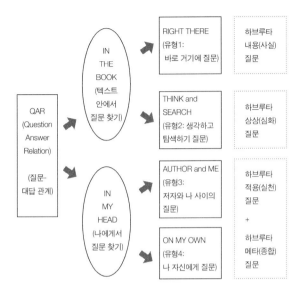

* 점선으로 표시한 부분은 라파엘의 유형과 하브루타 질문 종류를 연결한 것이다.

의 의도를 묻는 질문이 여기에 해당된다. 예를 들어, '이 글의 주제
는 무엇인가?', '무엇에 관해 설명하고 있는가?' 등의 질문을 의미한
다.

◦ 유형 3: '저자와 나 사이의 질문'이다. 나의 선행 지식이나 경험과 텍
스트 안의 근거나 증거를 함께 활용해야 답할 수 있는 유형의 질문
이다. 추론적 사고를 통해서만 답할 수 있으며 답이 명시적으로 주
어지지 않아 행간을 읽어야 답할 수 있는 유형의 질문이다. 예를 들
어, '왜 이렇게 결론지었을까?', '이 글을 저자는 왜 제목을 이렇게
표현했을까?' 등이 해당된다.

◦ 유형 4: '나 자신에게 질문'이다. 반드시 자신의 생각이나 의견을 사

용해야만 답할 수 있는 유형의 질문으로 텍스트를 읽지 않았더라도 답할 수 있는 질문이다. 예를 들어, '내가 주인공이라면?', '선의의 거짓말은 괜찮은 것인가?' 등 추론적 사고를 통해서만 답할 수 있으며 자신의 최종 생각이나 주장을 확인하는 질문이 해당된다.

◦ 유형별 하브루타 질문과 연관성: 텍스트 내에 답이 있는 사실 질문은 〈유형 1〉, 상상하며 탐색하는 상상 질문은 〈유형 2〉, 적용과 메타 질문은 〈유형 3〉과 〈유형 4〉로 연결된다. 연결한 부분을 점선으로 표시해두었다.

방법 1. 어울리는 질문 연결하기

① 그림(낱말, 속담 등)과 질문이 적힌 학습지를 나눠준다.

② 학습지의 그림(낱말, 속담 등)을 보고 어울리는 질문과 연결한다.

③ 연결한 이유를 말하고 짝과 함께 하브루타 한다.

④ 놀이 방법에 익숙해지면 학생들이 직접 문제를 만들어 본다.

⑤ 만든 학생의 의도와 결과가 다른 경우 그 이유에 대해 이야기를 나눈다.

〈그림〉	〈질문〉
🍎 •	• 왜 빨간 색일까?
🍌 •	• 원숭이는 왜 바나나를 좋아할까?
🍇 •	• 몇 개의 알갱이로 이루어졌을까?
🥝 •	• 껍질 촉감이 왜 거칠거칠할까?

〈속담〉	〈질문〉
가는 말이 고와야 오는 말이 곱다. •	• 낮에는 주로 무슨 말을 할까?
하룻강아지 범 무서운 줄 모른다. •	• 말을 거칠게 한 경험은?
방귀 뀐 놈이 성낸다. •	• 자신이 하고서는 먼저 화낸 적은?
낮말은 새가 듣고 밤말은 쥐가 듣는다. •	• 하룻강아지는 무슨 뜻인가?

방법 2. 질문을 유형별로 분류하기

① 주어진 텍스트를 읽는다.

② 질문과 유형1~4로 나뉜 학습지(1단계 학습지)를 나눠준다.

③ 질문을 보면서 유형1~4으로 분류한다.

④ 분류된 질문으로 짝과 함께 하브루타 한다.

⑤ ②~④가 익숙해지면 질문을 스스로 만들어보고 분류한다(2단계 학습지).

예)

* 다음 글을 읽고 주어진 질문들을 유형별로 분류해보세요.

2006년 중국에서는 골수암에 걸린 8세 소녀를 위해 현대판 '마지막 잎새'가 만들어졌다. 아픈 몸으로 먼 길 여행이 불가능한 소녀는 천안문 광장에 가서 국기가 하늘로 올라가는 모습을 보는 것이 소원이다. 이 소원을 들어주기 위해 2000여 명의 창춘 시민이 합심해서 창춘시 한 대학 운동장을 천안문 광장으로 꾸몄다. 소녀를 태운 버스의 안내원과 여행객들의 대사조차 짜고 만든 계획이었다. 톨게이트 통과할 때 마주치는 주민들의 사투리와 지나가며 길을 묻는 외국인까지 완벽한 한 편의 드라마 같은 거짓말이 완성됐다. 이 아름다운 거짓말은 중국은 물론 전 세계인의 마음을 울렸다.

사랑, 눈물, 감동…중국판 '마지막 잎새'[25], 《연합뉴스》,
2006. 3. 25. 일부 수정 및 편집

1단계 학습지

Q1. 언제 어디에서 일어난 사건에 관한 기사일까?	Q4. 이 기사는 어떤 사건에 관해 말하고 있지? (기사 요약 해당)
Q2. 소녀는 어떤 상태였지?	Q5. 이 기사를 쓴 기자는 왜 '아름다운 거짓말'이라고 했을까?
Q3. 소녀의 소원은 무엇이었지?	Q6. '아름다운 거짓말', 즉 선의의 거짓말은 괜찮은 것인가?
〈텍스트 안에 질문 만들기〉	〈나에게 질문 만들기〉
'바로 거기에'질문	'저자와 나 사이의'질문
Q1. Q2. Q3.	Q5.
'생각하고 탐색하기'질문	'나 자신에게'질문
Q4.	Q6.

2단계 학습지

Q1. 언제 어디에서 일어난 사건에 관한 기사일까?

Q2. 소녀는 어떤 상태였지?

Q3. 소녀의 소원은 무엇이었지?

Q4. 이 기사는 어떤 사건에 관해 말하고 있지? (기사 요약 해당)

Q5. 이 기사를 쓴 기자는 왜 '아름다운 거짓말'이라고 했을까?

Q6. '아름다운 거짓말', 즉 선의의 거짓말은 괜찮은 것인가?

　:

　:

　:

만든 질문을 분류해 보세요.

〈텍스트 안에 질문 만들기〉	〈나에게 질문 만들기〉
'바로 거기에'질문	'저자와 나 사이의'질문
Q1. Q2. Q3.	Q5.
'생각하고 탐색하기'질문	'나 자신에게'질문
Q4.	Q6.

방법 3. 답을 주고 질문 만들기

① 주어진 텍스트를 읽는다.

② 질문을 빈칸으로 하고 답변이 적힌 학습지를 나눠준다.

③ 텍스트를 읽으며 답에 어울리는 질문을 만든다(처음에는 질문 보기를 주고 시작한다).

④ 짝과 함께 질문을 확인하고 잘 어울리는 질문을 고른다.

*해당 답변을 보고 어울리는 질문을 만들어보세요.

Q:＿＿＿＿＿＿＿＿＿＿＿＿＿＿＿＿

A: 2006년 중국에서 일어난 사건

Q:＿＿＿＿＿＿＿＿＿＿＿＿＿＿＿＿

A: 골수암에 걸린 상태

Q:＿＿＿＿＿＿＿＿＿＿＿＿＿＿＿＿

A: 소녀의 소원을 이루어준다는 좋은 뜻에서 한 거짓말이기 때문이다.

Q:＿＿＿＿＿＿＿＿＿＿＿＿＿＿＿＿

A: 골수암에 걸린 한 소녀의 소원을 들어주기 위해 많은 사람이 거짓말을 한 사건

Q: _____

A: 선의의 거짓말이 아무리 좋은 의도를 가지고 있어도 거짓말은 나쁜 것이므로 선의의 거짓말 역시 나쁜 것이다.

⟨정답⟩

Q. 언제 어디에서 일어난 사건에 관한 기사일까?　2006년 중국에서 일어난 사건

Q. 소녀는 어떤 상태였지? 골수암에 걸린 상태

Q. 소녀의 소원은 무엇이었지? 천안문 광장에서 국기 게양식을 보는 것

Q. 이 기사는 어떤 사건에 관해 말하고 있지? 골수암에 걸린 한 소녀의 소원을 들어주기 위해 많은 사람이 거짓말을 한 사건

Q. 이 기사를 쓴 기자는 왜 '아름다운 거짓말'이라고 했을까? 소녀의 소원을 이루어준다는 좋은 뜻

Q. '아름다운 거짓말', 즉 선의의 거짓말은 괜찮은 것인가? 선의의 거짓말이 아무리 좋은 의도를 가지고 있어도 거짓말은 나쁜 것이므로 선의의 거짓말 역시 나쁜 것이다.

- 저학년은 그림과 질문을 연결하는 것에서 시작하는 것이 좋다.
- 어울리는 질문 연결하기 놀이 시 그림 대신 단어를 사용하여 단어의 뜻과 관련된 질문을 활용하여도 좋다.
- 정답을 주고 질문을 만들어보는 놀이는 텍스트 대신 그래프, 데이터 아트 등의 자료해석 할 때도 가능하다.

교사는 꿈꾼다.

학생들의 숨통이 트이는 수업.

학생의 관심과 질문에서 출발하는 수업.

말문이 트이는 수업.

비판적 탐구와 협력 활동이 있는 수업.

뇌가 격동하는 수업.

학생의 실제 삶에 기반한 수업.

철학이 숨어있는 살아있는 수업.

4장

수업으로 풀어가는
하브루타

철학은 교사의 실천으로 구현된다. 나부터! 지금부터! 할 수 있는 것부터!

1 교과별 하브루타

공감과 소통이 꿈틀대는 국어 '동시 하브루타'

"시는 경험이고 공감이다."

시에는 함께 공유하고 나눌 수 있는 다양한 내용이 함축되어 있다. 국어 교과서에도 단골손님처럼 동시 단원이 늘 있다. 경험이나 느낌을 말하는 것은 국어 교과에서 추구하는 중요한 활동 중 하나이다. 팀 마이어스의 그림책 《시인과 여우》[26]가 생각난다. 시를 잘 짓고 즐긴다는 여우와 시인 바쇼가 만나 대결을 한다. 여우는 바쇼의 시를 듣고 낮게 평가한다. 하지만 여우는 바쇼가 자신을 소재로 쓴 시에 극찬하고 바쇼에게 깨달음을 준다. 시란 자신의 경험을 언어로 표현하고, 타인의 삶에 공감하게 한다. 학생들이 경험한 것은 모두가 다르다. 함께 동시를 읽고 하브루타를 하면서 동시에 담긴 경험을 공유하고 공감하는 것은 학생들의 인성에 있어 서로를 알아가는 중요한 기회가 된다. 하브루타는 짝과 함께 대화하며 자신의 경험을 끌어내기에 좋은 방법이다.

방법

① 시를 다 함께 낭송한다.

② 손가락을 짚어가며 다시 한 번 낭송한다.

③ 교사는 잔잔한 음악을 들려주고, 학생은 각자 다시 한 번 읽어보면서 질문을 만든다.

④ 질문으로 짝과 함께 하브루타를 한다.

⑤ 짝 바꿔 하브루타 한다.

⑥ 모둠별 생생 질문을 선택한다.

⑦ 쉬우르를 한다.

⑧ '나도 시인' 활동으로 마무리한다.

수업 사례

4학년 2학기 국어. 9. 시와 이야기가 남긴 세상 (2009 교육과정)

• 시에서 우리가 살아가는 모습을 어떻게 나타내고 있는지 알아봅시다.

① 시를 읽어보고 질문 만들기

〈거미의 장난〉이란 시를 다 같이 읽어보고 낭독했다. 음악이 흐르는 풍경을 만들고 음악을 들으며 주어진 시를 읽은 후 질문을 만들었다. 질문은 사실 질문, 상상 질문, 적용 질문으로 나누어 적도록 했다. 자신과 짝의 질문을 보면서 비숫한 질문과 더 이야기하고 싶은 질문을 골랐다.

| 거미의 장난

　　　　　　　　　유희윤

거미 한 마리
천장에서 뚝 떨어진다
대롱대롱 공중에 매달려
가슴 덜컹하게 한다.

저 녀석
모르나 보다
이 방의 주인을

저처럼 한 가닥 줄에 매달려
빌딩 벽을 청소하는
구릿빛 얼굴 이철호 씨를

엉덩이가 콩알만 하지만
이철호 씨의 땀방울보다는
작을 저 녀석
모르나 보다
저를 보고 놀라는
이철호 씨 딸, 나 이신영의 마음도

몰라서
몰라서
장난을 치나 보다 | Q. 대롱대롱은 무슨 뜻인가?
Q. 아빠는 무슨 일을 하시는가?
Q. 거미는 왜 매달려 있는가?
Q. 거미는 어떤 생각을 하고 있을까?
Q. 만약 내가 거미라면 어떨까?
Q. 매달려 청소하는 아빠의 기분은 어떨까?
Q. 아빠를 바라보는 아이의 마음은?
Q. 내가 크면 어떤 일을 하게 될까?
Q. 일하시는 아빠에게 내가 할 수 있는 일은?
Q. 우리 엄마는 어떤 곤충일까?
　　:
　　:
　　: |
| 교과서에 수록된 〈거미의 장난〉 | 학생들의 질문 |

② 짝과 함께 대화하기

다양한 질문을 짝과 함께 하브루타 했다. 사실 질문에서 나온 단어의 의미와 뜻은 국어사전을 통해 찾아보도록 했다. 상상 질문과 적용 질문은 자신의 경험을 떠올리면 충분한 대화를 나눌 수 있도록 시간을 충분히 주었다. 말하기 능력과 이해 능력이 부족한 학생은 교사의 도움이 필요했다. 활발하지 못한 학생들을 유심히 살펴 모두가 참여할 수 있도록 유도하는 것이 중요했다. 짝과 함께 하브루타가 이루어지면 모둠과 함께 질문 피라미드 놀이를 통해 더 이야기 나누고 싶은 질문을 하나 선정했다.

③ '나도 시인' 되어보기

전체적인 쉬우르를 한 후 시에 대한 각자의 느낌을 공유하는 시간을 가졌다. 시에서 거미와 아빠의 비슷한 점과 다른 점을 찾아 이야기를 나눴다. '나도 시인'이 되어 시의 표현을 모방하여 실제 자신의 부모님이 하시는 일에서 어떤 곤충이 떠오르는지 그 이유를 말했다. 동물도 수용해줬다. 시는 현실과 비슷한 점도 있고 다른 점도 있다는 것을 느낄 수 있도록 하며 마무리했다.

'나도 시인' 학생작

장**: 우리 엄마는 여왕벌. 특별한 일을 해요.

강**: 우리 아빠는 북극곰, 물고기를 잘 잡아요.

김**: 우리 아빠는 치타. 빠르게 움직여요.

신**: 우리 엄마는 나무늘보. 쇼파에 누워 TV를 봐요.

고**: 우리 엄마는 개미. 부지런히 일을 하세요.

이**: 우리 아빠는 꿀벌. 늘 맛난 음식을 만들어 팔아요.

수업 후기

시를 낭독하고 질문을 만들어 짝과 대화하는 하브루타에서는 지식의 양에 상관없이 다양한 이야기를 할 수 있었다. 자신의 경험에 비추어 이야기를 나누니 평소 수업에 참여하지 않은 학생들도 즐겁게 참여하였다. 수업을 참관한 김○○ 선생님은 "문장 하나하나에 깊게 생각하고 느끼는 수업이 감동적이었고 서로 질문을 통해 내용 파악 및 심도 있는 대화가 이루어져서 좋았다"라고 했다. 평소 장난이 넘치고 학업성취도가 낮았던 학생도 자신의 생각을 표현하며 적극적으로 참여했다. 마음의 문을 닫았던 학생도 마음의 문을 열어 참여하는 모습을 보였다. 질문과 답을 주고받으면서 현실 세계에서 자신의 모습을 반성하게 되었다. 비슷한 경험을 하는 또래들이 질문 속에 함께 공감했다. 하브루타는 정말 학생들에게 필요한 것이라는 것을 깨달았다.

Why를 찾아가는 '역사 하브루타'

"자부심과 고난의 역사교육은 한국인의 정체성을 회복하게 한다."

역사 수업에 자부심과 고난의 역사를 배워야 하는 이유에 대해 고민해보았다. 균형적인 역사교육은 한국인의 정체성을 찾아가도록 돕는다. 자랑스러운 역사를 아는 것은 나라에 대한 자긍심을 갖게 한다. 가슴 아픈 역사는 같은 실수를 되풀이하지 않게 하고 정체성과 공동체성을 확립하게 한다. 역사교육을 통해 살고 있는 터전의 뿌리를 보는 것이 중요하다.

바른 역사의 눈을 지니도록 돕기 위해 사실을 나열하고 암기시키는 교육보다 생각하고 말하는 역사교육[27]이 필요하다. 역사 하브루타는 역사와 정치에 대해 관심을 갖고 거시적 관점에서 보게 해준다. 예견할 수 없는 상황에서도 불변하는 가치를 붙잡도록 해준다. 역사 하브루타는 역사적 인물, 사건, 시대적 배경 등에 대해 다루고 체험학습과 연계한다면 더 효과적인 역사교육이 된다.

방법 1. 역사 첫 수업

① 학생은 역사 첫 시간에 역사란 무엇인가에 대해 생각한다.

② 교사는 EBS지식채널, 자부심과 고난을 대표하는 사진 및 동

영상을 제시한다.(사진: 고려청자, 6.25전쟁)

③ 학생은 느낌을 나누고 더 많은 자부심과 고난의 역사를 생각해본다.

④ 사진 및 동영상에 대한 질문을 만든다.

⑤ 짝 하브루타를 한다.

⑥ 짝 바꾸기를 통해 이야기를 들어본다.

⑦ 자부심의 역사, 고난의 역사를 배워야 하는 이유에 대해 생각해본다.

⑧ 쉬우르를 통해 고난의 역사를 가진 나라들이 그 역사에 대하는 태도는 각각 어떻게 다른지도 생각해본다.

⑨ 대화하고 느꼈던 점을 바탕으로 글쓰기를 한다.

방법 2. 체험학습 연계 수업

① 답사지 관련 누리집 방문, 관련 서적 등을 참고해서 역사 질문을 만든다.

② 짝, 모둠 하브루타를 통해 미션 질문을 선정한 뒤 미션 질문지를 만든다.

③ 체험학습 현장에서 미션지 질문의 답을 찾아가도록 한다.

④ 꼬꼬물 질문을 적어온다.

⑤ 가장 의미 있다고 생각한 장면을 찍어온다.

⑥ 돌아와서 짝과 함께 설명하기를 통해 결과를 공유하며 상호

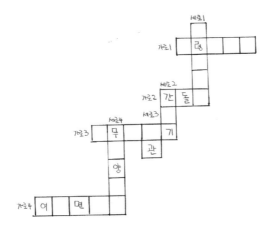

Hint !

- 세로1 + 가로1 청동기 시절 높으신 분들이 갖고있거나 제사 지낼때
  사용 요령껏 잘 만든 유물
- 세로2 구석기때 썻다
- 가로2 싸울때 썻다
- 세로3 삼국시대의 둥근 항관
- 가로3 아무 무늬도 없는 항아리
- 세로4 둥근 석기
- 가로4 무늬가 없는 항아리

[그림 1] 미션지 학생 작품

점검한다.

⑦ 의미 있는 사진을 이유와 함께 발표한다.

⑧ 궁금한 질문들을 바탕으로 서로 하브루타 한다.

⑨ 대화하고 느꼈던 점들을 바탕으로 글쓰기를 한다.

수업 사례: 체험학습 연계

5학년 2학기 사회. 1. 우리 역사의 시작과 발전

• 유물과 유적을 통하여 생활 모습을 알아봅시다.

① 질문 만들고 미션지 완성하기

　　체험학습 전 답사지 관련 누리집을 방문하거나 관련 서적을 참고해서 궁금한 점을 적었다. 짝, 모둠 하브루타를 통해 최종 질문을 선정하였다. 역사적 장소, 인물, 사건에 대한 질문 미션지를 십자말풀이 등 자유로운 형식으로 정리하였다.

② 미션 수행(질문의 답 찾아가기, 의미 있는 사진 찍기)

　　미션지를 배부하였다. 단체 체험학습이나 개별 체험학습을 통해 미션을 수행했다. 질문 미션지를 교사가 만들어 일괄적으로 배부해도 좋지만 아이들이 제작한 미션지 중 하나를 선택해서 질문의 답을 찾아가도 좋다. 그리고 가장 의미 있다고 생각한 장면을 찍었고 학급 누리집에 이유와 함께 탑재했다.

③ 미션 수행 점검 및 글쓰기

　　미션을 잘 수행했는지 설명을 통해 상호 점검하도록 했다. 미션을 수행하면서 생긴 꼬꼬물 질문을 중심으로 대화를 하였다. 가장 의미 있다고 생각하여 찍어온 장면에 대해 발표하고, 교사와 함께 쉬우르의 단계를 거쳤다. 미션을 수행하고 짝과 하브루타 하며 쉬우르 단계를 거치면서 활동 후 느꼈던 점을 글로 표현하고 발표했다.

수업 후기

역사 수업을 마친 5학년 유〇〇 학생은 "책으로만 공부해야 하는 줄 알았는데 친구들과 이야기하면서 알아가니 재미있었어요." 라고 말했다. 역사의 한 장면에 의미를 부여하며 알아가니 학생들은 딱딱하게 생각하지 않고 적극적으로 참여했다. 다소 어려운 내용이 있어도 하브루타를 하면서 쉽게 받아들였다. 실감나지 않는 먼 과거의 일이라 체감하지 못해 다소 어려워했지만, 다양한 역사 하브루타를 통해 우리나라 역사를 알아가는 것에 흥미와 관심을 갖게 되었다. 있는 그대로 받아들였던 역사에 대해 의문을 갖고 한 번 더 깊이 생각해 보는 기회를 마련해준 것이다. 자부심을 느낄 수 있거나 고난의 역사를 대표할 만한 곳을 목록화해서 소개했더니 방학 중에 가족 단위로 다녀오기도 했다. 이럴 때 보람이 느껴진다.

심미안을 기르는 '미술 감상 하브루타'

"모든 아이들은 화가이다."

아이들은 모두 저마다 고유한 세계를 가진 작은 화가이다. 매번 자신의 철학과 생각이 담긴 작품을 완성하기 때문이다. 그런데 이런 작품들이 관리가 잘 되지 않는 것을 보면 안타깝다. 파블로 피카소는 "나는 어린아이처럼 그림을 그리기 위해 평생을 바쳤다."라고 말했다. 그러나 정작 아이들은 3~4학년이 되면 자신이 하는 그림이나 표현활동에 만족하지 않는다. 그 이유는 로웬펠드의 《아동미술 표현의 발달단계》를 이해하면 잘 알 수 있다. 초등 1·2학년의 도식기(아동화의 전성기, 아는 것을 표현함)를 지나 또래집단기(9~11세, 사실적인 표현과 중첩표현이 가능함)에 접어들면서 사실적인 표현에 대한 욕구가 생긴 것이다. 4학년 학생들은 자신의 그림이 형편없다고 생각하고, 표현이 사실적이고 구성이 치밀한 그림을 잘 그린 그림이라고 생각한다.

잘 표현하기 위해서는 잘 감상하는 것도 중요하다. "잘 그렸다.", "색이 멋있다.", "〇〇이 재미있다." 등의 단순한 감상을 떠나 감상 관점을 가지고 관찰하며 심미안을 길러가며 모든 친구의 작품이 소중하다고 생각한다.

더불어, 명화 감상은 작품의 배경을 이해하며 삶 속에 반영하는 심미적 감성 역량을 길러준다. 화가가 살았던 시대의 역사, 문화 가치관 등을 그림을 통해 배울 수 있다. 아름다움을 느끼고 보는 눈을 길러준다. 사물을 바라보는 새로운 시각을 배우고 독창적으로 생각하는 능력을 키울 수 있다.

방법 1. 학생 작품 감상
① 미술 용어 및 작품을 감상하는 방법을 알아본다.
② 친구가 만든 작품을 보고 질문을 만든다(감상 질문 학습지를 활용한다).
③ 작품을 감상할 때 가장 궁금한 질문에 대해 함께 이야기를 나눈다.
④ 작품을 게시하고 작품을 감상한다(갤러리 워크: 전시관에서 관람 장소를 천천히 걸어 다니면서 감상을 하듯이 게시되어 있는 작품을 감상하는 방법).

방법 2. 명화 작품 감상
① 작품을 감상하는 방법을 알아본다.
② 명화를 보고 질문을 만든다(감상 질문 학습지를 활용한다).
③ 짝 하브루타를 한다.
④ 생생 질문을 선정하여 전체 학생들과 함께 이야기를 나눈다.

수업 사례

4학년 2학기 6. 다양한 표현 방법으로

• 서로의 작품을 감상해 봅시다.

① 미술 용어 및 감상 방법 알아보기

작품을 감상할 때는 미술 용어에 대해 알아봤다. 조형 요소와 원리, 작가, 소재, 주제, 표현 재료 등을 안내했다. 펠드먼은 서술, 분석, 해석, 판단으로 감상 방법을 4단계로 제시하였다. 초등학생 수준에 맞게 4단계를 '보고 느껴요, 시각적인 표현을 살펴보아요, 자기의 생각을 알아보아요, 작품의 가치를 판단해요'로 설명했다.

〈보고 느껴요〉

- 이 작품은 어떤 장면을 그린 것인가?

- 작품을 보았을 때 전체적인 느낌은 어떠한가요?

- 나는(여러분은) 작품을 보면서 어떠한 경험을 떠올렸나요?

〈시각적인 표현을 살펴보아요.〉

- 작품에 등장하는 것들은 무엇이고, 어떻게 표현되었나요?

- 이러한 장면들이 현실 속에서 가능한가요?

- 이 작품에 등장하고 있는 아이들(사람들)은 어떤 기분일까요?

- 선, 형, 색을 어떻게 사용하였으며, 그 느낌은 어떠한가요?

- 어떤 재료를 사용하였나요?

- 화가는 이 그림에서 어떤 내용을 전달하고 싶었을까요?

- 작가와 작품에 대해 더 알고 싶은 것은 무엇인가요?

- 이 작가가 그린 다른 작품이 있다면 어떤 것이 있는지 알고 싶어요?

- 이 작가가 그린 다른 작품 ○○입니다. 여기에 있는 이것은 무엇인가요?

〈자기의 생각을 알아보아요〉

- 그려진 인물은 누구일까요?

- 복숭아꽃이 아름답게 핀 무릉도원이란 살기 좋은 낙원을 의미하는데 이 작품은 왜 아이들과 복숭아를 많이 그렸을까요?

- 이 작품에 등장하고 있는 아이들(사람들)은 어떤 기분일까요?

- 선, 형, 색을 어떻게 사용하였으며, 그 느낌은 어떠한가요?

- 이 작품은 언제 제작되었나요? 이 시기에 우리나라에는 어떤 일이 있었나요? 그 시기의 사람들은 어떤 모습으로 살고 있었을까요?

- 해당 작품 화가의 이야기를 들어본 적이 있나요?

- 작가와 작품에 대해 더 알고 싶은 것은 무엇인가요?

- 화가는 그림에 어떤 내용을 담고 싶었을까요?

- 무엇으로 작가의 마음을 알 수 있나요?

〈작품의 가치를 판단해요〉

- 작품을 감상한 후의 자신의 느낌과 생각은 어떠한가요?

- 이 작품에서 어떤 점이 마음에 드나요? 그 이유는 무엇인가요?

② 친구의 작품 감상하기(짝 하브루타)

짝의 작품을 보면서 질문을 만들었다. 질문을 만들 때는 펠드먼의 비평 4단계를 활용했다. 특히, 친구 작품을 감상할 때에 주의할 점이 있었다. '그냥, 아무 생각 없는데, 그래, 아니야, 모르겠어' 등 단답형이나 상대방의 질문에 성의 없는 대답은 하지 않도록 했다.

③ 친구의 작품을 감상하면서 느낀 점 이야기 나누기

짝 하브루타 활동이 끝난 후에는 전체 하브루타 활동을 했다. 갤러리 워크를 통해 전체 학생들의 작품 감상이 다시 천천히 이루어졌다. 학생들에게 접착메모지를 나눠주고 '작품에 댓글 및 질문 달기' 활동을 했다. 일정 기간 전시를 하면서 묻고 답할 수 있는 기회를 제공했다.

수업 후기

"내가 만든 작품에 대해 짝이 물어 보니 막상 설명하기 어려웠어요.", "내가 만든 작품에 관심을 가져주고, 어떻게 만들었는지 물어 보니 어색하면서도 기분 좋았어요."

미술 감상 하브루타 학습지

○○초등학교 4학년 1반 이름: (   )

※ 작품을 감상하면서 작가에게(친구) 궁금한 점이 있거나 '나라면 이렇게 했을 텐데'하는 생각이 있으면 질문으로 만들어 봅시다.

질문을 만들 때

- 질문을 만들 때 아래와 같은 단어가 들어가는 질문을 만들어 봅시다.
(선, 형, 색, 표현 재료, 주제, 작가, 제목, 면, 느낌, 의도, 마음)
- '나라면 …'했을 질문을 만들어 봅시다.

번	질문	생각
1	작품의 제목은?	하늘을 날아라
2	제목을 그렇게 한 이유는?	우주 비행선을 만들었으니까
3	작품의 재료는 무엇인가?	은박지, 검정도화지, 색종이, 빨대, 뽕뽕이, 띠골판지
4	작품에서 빨대를 쓴 의도는?	빨대가 그 모양과 비슷해서
5	작품을 만들면서 생각한 것은?	행성을 표현하기가 어렵다
6	이것은 무엇인가요?	뽕뽕이
7	검정 도화지를 사용한 까닭은?	우주색을 자세히 색칠하기 싫어서

미술 시간의 대부분은 표현활동을 중심으로 운영하고, 감상 시간은 잠깐 좋아하는 작품을 선택하고 그 이유를 발표해 보는 것 정도였다. 감상 질문을 잘 활용하면 감상 관점에 대해 쉽게 알게 된다. 처음에는 질문을 만드는 것을 어려워하기 때문에 질문 만들

기를 강요하지 않도록 한다. 학생 수준에 따라 질문 수를 조절하고 펠드먼의 미술 비평 질문을 참고하도록 한다.

학생들은 작품 감상을 위한 갤러리 워크를 하면서 작가가 된 듯 매우 뿌듯해하고, 갤러리에 게시된 것처럼 매우 기뻐했다. 서로의 작품을 감상하는 활동을 통해 자신의 작품에 애정이 생겼고 타인의 작품에 대한 깊은 공감을 통해 미술 작품의 소중함을 느꼈다.

미술 감상 하브루타 -그림에게 말 걸어보기	
○○초등학교　학년 (　　　　　　)	
그림을 넣어주세요.	
〈그림〉	
* 작품을 관찰하며 눈에 띄는 것이나 떠오르는 생각을 낱말로 적어보세요. (10개 이상 단어, 많을수록 좋습니다)	
* 위 1번의 낱말로 3가지 이상의 문장을 만들어 보세요	
1	
2	
3	
* 위의 작품에 나만의 제목을 붙여보고 그 이유를 설명하세요	
〈제목〉	〈이유〉

* 위의 활동을 토대로 궁금해진 질문을 5개 이상 만들어 보세요	
1	
2	
3	
4	
5	

* 위에서 만든 질문을 짝과 함께 묻고 대답해 보세요.

〈M.Q〉	〈Y.Q〉

〈W.Q〉

* 새롭게 알게 된 것이나 느낀 점을 자신의 글로 정리해 보세요.

오감 시그널 '관찰 타임 하브루타'

"관찰을 하면 호기심이 생기고 호기심은 질문을 만든다."

관찰은 '사물이나 현상을 주의하여 자세히 살펴봄'으로 정의된다. 우리는 생각한 대로 본다. '질문' 없이는 지식과 지혜를 파헤칠 수 없다. '사과가 왜 떨어질까?'의 질문에서 탄생한 뉴턴의 만유인력법칙, '갈라파고제도의 새들은 어째서 서로 다른 부리 모양을 가지고 있는 것일까?'의 질문에서 탄생한 찰스 다윈의 진화론에는 모두 질문이 존재했다. 하지만 질문보다 먼저인 것이 있다. 바로 관찰이다. 즉, 관찰은 의문의 시작이다. 관찰을 위한 시간을 주는 것이 중요하다.

대화를 할 때 상대방의 표정과 눈빛을 관찰한다. 관찰은 우리 일상의 기본이 된다. 하나하나 의미를 알아가는 재미를 주는 것이 관찰 타임 하브루타이다. 관찰은 비교 하브루타의 기본이 되기도 한다. 사소하게 지나칠 수 있는 것들을 세심히 관찰하는 경험, 의문을 짝과 함께 풀어나가는 경험은 소통은 물론 재미를 불어넣어 준다. 자세히 관찰하면서 만들어진 질문으로 하브루타를 한다면 자연현상에 생긴 호기심을 해결할 수 있다. 일상적인 관찰 하브루타가 되었다면 꼬꼬물로 자연스럽게 연계가 된다.

방법

① 등교하면서 주변을 관찰한다.
② "관찰 타임!"이란 신호와 함께 자신이 관찰한 것을 짝에게 말한다.
③ 짝은 "관찰하면서 어떤 궁금증이 생겼어?"라고 묻는다.

④ 궁금증을 말하고 왜 그것이 궁금했는지 이유를 말한다.

⑤ 1분 동안 궁금증에 대해 이야기를 나눈다. "그냥, 몰라"와 같은 대답은 하지 않도록 사전 약속을 정한다.

수업 사례

2학년 1학기 여름. 2.초록이의 여름 여행

• 여러 가지 나뭇잎을 관찰하여 봅시다.

① 나뭇잎 살펴보며 오감 질문 하브루타하기

등굣길에 길가에 떨어진 나뭇잎을 주워오게 했다. 오감으로 관찰할 수 있는 방법에 대해 함께 이야기를 나눠 봤다. 시각, 미각, 촉각, 청각, 후각으로 이루어진 '오감 질문 학습지'에 질문을 만들었다. 오감 질문으로 짝과 하브루타를 했다. 나뭇잎을 오감으로 관찰하면서 궁금한 것을 적어보라고 했다.

학생들의 오감 질문들

Q1. 왜 끝이 울퉁불퉁할까?
Q2. 더 진하게 보이는 선은 무엇일까?
Q3. 어떤 맛이 날까?
Q4. 만졌을 때 느낌이 어떨까?
Q5. 앞과 뒤 느낌은 다를까?

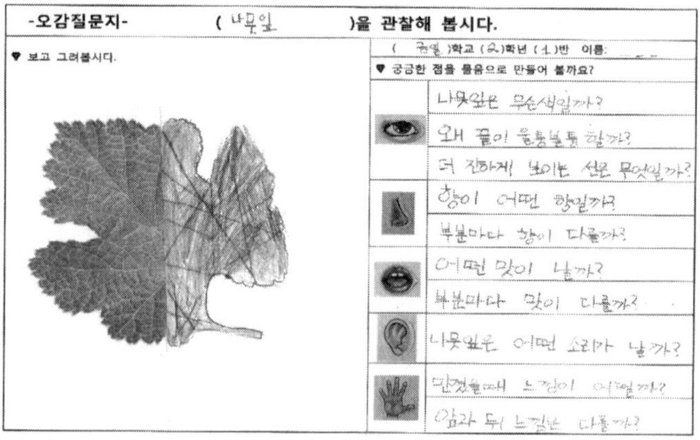

-오감질문지-　　　(나뭇잎)을 관찰해 봅시다.

(금빛)학교 (2)학년 (1)반 이름:

▼ 보고 그려봅시다.

▼ 궁금한 점을 물음으로 만들어 볼까요?

나뭇잎은 무슨색일까?
왜 줄이 울퉁불퉁 할까?
더 진하게 보이는 선로 무엇일까?
향이 어떤 향일까?
부분마다 향이 다를까?
어떤 맛이 날까?
부분마다 맛이 다를까?
나뭇잎로 어떤 소리가 날까?
만졌을때 느낌이 어떨까?
앞과 뒤 느낌는 다를까?

[그림 2] 오감 질문 학습지

② 특징 설명하기 하브루타

오감 질문으로 짝과 하브루타 한 내용에 기초하여 나뭇잎 특징을 자세히 설명했다. 짝의 설명을 들으면서 궁금한 점을 물어봤다. 반대로 설명을 들은 친구가 설명했다. 짝과의 설명 시간이 끝나면 관찰한 나뭇잎을 실물화상기로 보여주며 특징을 발표했다. 오감 질문을 만들고 특징을 설명하면서 자신이 가져온 나뭇잎에 대해 알게 되었다. 또한, 여러 친구들의 나뭇잎을 보면서 나뭇잎의 종류에 대해서도 알게 되었다.

③ 나뭇잎 그려보기

오감 질문으로 하브루타 했던 것들을 다시 떠올리며 나뭇잎이 가지고 있는 잎몸, 잎맥, 가장자리, 잎자루 등 특징이 잘 나타나도록 자세히 그렸다. 나뭇잎의 절반을 주고 나머지 부분을 그리는 활동을 하였다. 나뭇잎의 사진 위에 OHP 필름지를 올린 후 따라 그리기를 하면서 관찰한 특징을 떠올렸다. 그리기를 하면서 관찰력이 키워졌다.

[그림 3] 나뭇잎을 OHP로 본떠서 완성한 작품

수업 후기

주변을 둘러보면 유독 눈에 들어오는 것이 있다. 더 자세히 들여다본다는 것은 관심과 호기심이 생겼다는 것을 의미한다. 관심과 호기심이 넘치면 의문점이 생긴다. 의문점을 해결하기 위해 주변에 물어보거나 자신이 알고 있는 사전 지식들을 검토하기도 한다. 인터넷 사이트를 검색하고 관련 서적을 찾는다.

앞의 수업 사례는 2학년 여름 교과서 '여러 가지 나뭇잎 관찰하기' 수업 활동이다. 기초 탐구 기능인 관찰하기 활동이 주를 이룬다. 오감의 기능을 모두 다 살려 관찰하는 습관과 생각하면서 관찰하는 습관을 길러주고 싶어 관찰 타임 하브루타를 적용했다. 익숙한 나뭇잎을 보면서 오감 질문으로 관찰하고 하브루타를 하니 자신이 생각하지 못한 다양한 생각들이 나왔다. 2학년 고○○ 학생은 "오감 질문으로 하브루타를 하고 그리니 나뭇잎이 더 잘 보여요. 관찰을 하니 궁금한 것이 더 많아졌어요."라고 말했다. 관찰을 하면 호기심이 생기고 호기심은 질문을 만들게 하고 질문은 생각을 키운다.

감성을 키워주는 '음악 감상 하브루타'

"아는 만큼 듣고, 내 삶 속에서 꽃피운다."

학생들은 K-팝이나 아이돌 가수는 너무나 잘 아는 반면, 다양한 음악 장르나 특징들에 대해서 잘 모른다. 음악 편식 현상이 너무 한 쪽으로 쏠려 있다. '아는 만큼 보인다'고 했다. 요즈음 클래식 음악 감상이 어렵다는 편견을 깨기 위해 토크 콘서트와 접목하는 등 다양한 시도가 이뤄지고 있다. 음악의 특징을 설명하거나 쉽게 대중 속으로 다가가려고 노력하고 있다.

음악 시간에는 악기 연주와 노래 부르기 활동이 주가 된다. 그러나 음악 교육과정을 잘 살펴보면 크게 표현, 기악, 감상 이렇게 세 영역으로 나뉜다.

음악 감상을 막연하거나 어렵다고 생각하는 경향이 있다. 친구들과 함께 음악을 듣고 이야기를 나누며 즐기는 시간을 갖기 위해 음악 감상을 하브루타로 해 보았다. 음악 감상은 음악 작품의 형식이나 작품에 숨겨진 의미를 이해하여 즐기고 평가하는 주체적이고 능동적인 행위이기 때문이다.

음악 감상 하브루타를 위해서는 좀 더 집중하여 마음으로 듣는 것이 필요하다. 같은 곡을 듣고 있어도 서로의 마음에 따라 다르게 들린다. 자신이 선호하지 않는 음악 장르라고 해서 다른 장르를 함부로 해서는 안 된다. 자세히 보아야 예쁘듯이 아는 만큼 들린다. 음악 감상도 또 하나의 경청이며 경청 속에 인성 교육이 이루어진다. 음악 감상을 생활화할 수 있도록 음악 감상 후 궁금한 점을 짝과 이야기 나눠 보는 시간을 마련해주고자 했다. 학생들 눈높이에 맞추어 재구성한다면 신나고 재미있는 음악 감상 시간이 될 것이다. 노랫말이 좋은 창작동요, 고전 클래식 음악도 초등학교에서는 감상하기 좋은 음악이다. 익숙하지 않은 베토벤의 교향곡을 듣는 것은 친숙한 유행가를 듣는 것보다 훨씬 더 정신 집중을 요구할 수 있다. 그러나 그만큼 음악을 이해하고 느끼는 기뽐도 훨씬 더 크다는 것을 알 수 있다.

방법

① 학급 실태에 맞는 음악 감상 곡을 선정한 후 악보를 제시한다.

　(예: 〈꿈꾸지 않으면〉, 〈넌 할 수 있어〉, 〈바람의 빛깔〉 등)

② 음악 제목을 듣고 어떤 느낌의 곡일지 이야기를 나눈다.

③ 눈을 감고 음악을 듣는다(첫 번째 감상).

④ 음악을 들으면서 학습지에 느낌을 선으로 표현한다(두 번째 감상).

⑤ 느낌을 표현한 선을 보며 표현한 이유에 대해 짝과 공유한다.

⑥ 음악을 들으면서 질문을 만든다.

⑦ 짝 하브루타를 한다.

⑧ 쉬우르를 한다.

⑨ 가장 마음에 드는 부분이나 가사에 대해 이야기 나눈다.

⑩ 느낀 점을 비주얼 씽킹, 글 등 다양한 방법으로 표현한다.

수업 사례

음악감상

• 음악 감상 하브루타를 해봅시다.

① 음악 감상하기

감상 곡 〈꿈꾸지 않으면〉 악보를 나눠주고 음악을 감상하게 했다. 음악의 제목을 미리 안내해주거나 악보에 제목을 비워 놓고 학생들과 함께 생각해보며 전체적인 음악의 느낌을 예 상해 보았다. 학생들은 음악을 감상한 뒤 느낌을 학습지에 선으로 표현하고 짝과 이야기를 나누었다.

② 질문 만들고 하브루타 하기

음악 감상 후 곡의 느낌, 가사, 빠르기, 특징 등 핵심 단어를 제시했다. 학생들은 제시된 단어들로 질문을 만들었다. 질 문이 만들어지면 짝과 하브루타를 하였다. "음악을 들으면서 가장 마음에 드는 부분이 무엇인가요?"라고 물어보았다. 친 구들과 같은 곡을 들으면서도 다른 느낌을 갖는다는 것을 수 용하는 분위기 형성이 중요했다.

〈학생들 하브루타 진행 과정〉

Q1. 꿈이란 어떤 의미일까?

A1. 꿈이란 밤에 자면서 꾸는 게 아니라 미래에 네가 갖게 될 직업 같은 게 아닐까?

Q1-1. 그럼 넌 미래에 어떤 직업을 가졌으면 좋겠어?

A1-1. 난 그림 그리는 것을 좋아하고 외모를 꾸미는 것도 좋아 해. 그래서 헤어 디자이너나 메이크업 아티스트가 되고 싶어.

Q2. 가사 안에 '꿈꾸지 않으면'이란 말이 나오는데 무슨 의미

일까?

A2. '미래를 위해 준비하지 않으면'이란 뜻인 것 같은데.

Q3. '배운다는 건 꿈을 꾸는 것'이라고 했는데 무슨 뜻일까?

A3. 네가 미래에 살아가기 위해 지금부터 준비하거나 대학교에 가려고 열심히 공부하거나 그렇게 한다는 뜻 아닐까?

③ 쉬우르 및 감상글 쓰기

하브루타 한 내용 중에 가장 나누고 싶은 내용으로 함께 이야기를 나누었다. '내 삶에 가져오고 싶은 것은?'이라는 주제로 감상 느낌을 글로 표현해 봤다. 글의 종류는 학생들이 선택할 수 있도록 열어두었다. 마지막으로 노래의 느낌을 살려 다 같이 불러보도록 했다. 감상 수업 이후 다음 감상 수업까지 중간 놀이 시간이나 점심시간에 들을 수 있도록 해서 마음의 여운이 오래갔다.

수업 후기

"가사의 내용이 마음 깊이 와 닿았어요.", "마음을 평온하게 해줬어요.", "제가 좋아하는 곡을 들으면서 친구와 이야기를 하니 기분이 좋아졌어요."라고 학생들이 소감을 전해주었다. 좋은 글도 좋지만 음악을 듣는다는 것만으로도 마음을 어루만지면서 위로해주는 좋은 것은 없다는 생각이 들었다.

카톡으로 전하는 글, 문자로 주고받는 스마트폰 시대의 피로감

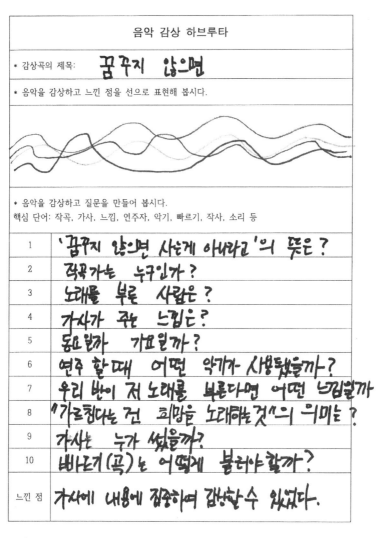

	음악 감상 하브루타
* 감상곡의 제목:	꿈꾸지 않으면
* 음악을 감상하고 느낀 점을 선으로 표현해 봅시다.	

* 음악을 감상하고 질문을 만들어 봅시다.
핵심 단어: 작곡, 가사, 느낌, 연주자, 악기, 빠르기, 작사, 소리 등

1	'꿈꾸지 않으면 사는게 아니라고'의 뜻은?
2	작곡가는 누구인가?
3	노래를 부른 사람은?
4	가사가 주는 느낌은?
5	동요일까 가요일까?
6	연주 할때 어떤 악기가 사용됐을까?
7	우리 반이 저 노래를 부른다면 어떤 느낌일까
8	'가르친다는 건 희망을 노래하는것'의 의미는?
9	가사는 누가 썼을까?
10	빠르기(곡)는 어떻게 불러야 할까?
느낀 점	가사에 내용에 집중하여 감상할 수 있었다.

[그림 4] 음악 감상 하브루타 학습지

을 잔잔한 음악이 치유해준다. 다양한 장르의 음악을 즐기고 마음
의 여유를 되찾고 감성이 풍부해졌다. 피아노, 해금, 아쟁 등의 연

주는 마음이 아플 때는 아픈 마음을 달래주고, 기쁠 때는 기쁜 마음을 배가 되게 한다. 자극적인 음악에서 벗어나 마음을 정화시켜주는 음악은 우리에게 진정한 평화를 가져다준다. 음악이 가진 힘과 하브루타가 접목하여 마음의 울림이 있었다.

지식 투자 플러스 과학 하브루타 '자유탐구'

"질문 플러스+ 질문을 통한 진정한 자유탐구의 시작!"

2015 개정 교육과정 과학과에서 통합 단원이 신설된다. 융합 교육과 창의적인 탐구를 강조하기 위함이다. 2007 개정 교육과정에서 새롭게 도입된 자유탐구도 종합적 탐구 활동의 기회를 확대하고자 한 것이다. 3학년 때 처음 과학 교과를 접하는 학생들은 자유탐구를 낯설고 어려워한다. 교사의 도움이 없다면 바람직한 탐구 활동이 이루어지기 어렵다. 스스로 주제를 정하여 자유롭게 탐구하도록 지도하기에는 6차시라는 시간은 너무 부족하다.

호기심을 말로 표현하면 질문이 된다. 자유탐구도 일상생활에 평소 궁금한 질문에서 시작한다. 자유탐구에 하브루타를 도입하면 좋을 것 같았다. 바라면 보인다고 했던가? 관찰, 측정, 분류, 추리, 예상, 의사소통으로 이루어진 기초 탐구 기능으로 탐구해나가는 방법으로 하브루타를 접목해 보았다. 관찰을 통해 궁금한 점을 기록하고 친구들과 이야기를 나눌 수 있다. 사진 한 장을 보면서 질문을 통해 추리, 예상하도록 하였다.

교과 학습이 하브루타와 연계되고 자유탐구로 나아간다면 과학 탐구 능력이 자연스럽게 길러진다. 차시마다 도입했던 지식 투자를 기록한 하브루타 뱅크 노트를 보면 자유탐구 주제에 쉽게 접근할 수 있다. '지식 코인'과 '지식 투자'를 통해 학생 스스로 주제를 선정하여 탐구한다면 과학 탐구 능력과 과학 학습에 대한 태도가 향상된다. 아이들도 자신들이 수업 시간에 궁금했던 것을 탐구하기에 더 적극적인 모습을 보이고 교사의 부담도 줄어든다.

방법

① 과학 차시마다 수업이 끝나면 알게 된 점을 생각한다.

② 알게 된 점은 지식 코인 ⓘ 표시로 교과서 학습목표 아래에 기록한다(지식 코인 ⓘ - 차시 수업을 통해 '알게 된 점'을 적는 약속 기호이다).

③ 궁금한 점은 지식 투자 ⑦ 표시로 지식 코인 밑에 기록한다 (지식 투자 ⑦ - 차시 수업 후 '궁금한 점'을 질문으로 적는 약속 기호이다).

④ 단원이 끝나면 지식 코인 ⓘ만 별도로 모아 단원 정리 하브루타를 한다.

⑤ 단원 정리 하브루타에서 나온 질문들과 기록한 지식 투자 ⑦를 모아 질문 피라미드를 한다.

⑥ 질문 피라미드를 통해 최고의 지식 투자 ⑦를 선택한다.

⑦ 최고의 지식 투자는 자유탐구 주제로 선정하여 탐구 및 실험 계획을 설계한다.

⑧ 매 차시 지식 투자 ⑦를 하브루타 뱅크 노트에 적으면 좋다.

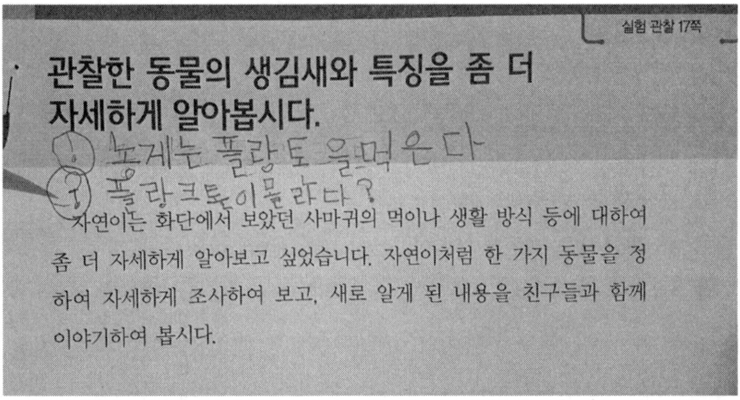

실험 관찰 17쪽

관찰한 동물의 생김새와 특징을 좀 더 자세하게 알아봅시다.

노게는 플랑도을먹은다
플랑크톤이무라다?

자연이는 화단에서 보았던 사마귀의 먹이나 생활 방식 등에 대하여 좀 더 자세하게 알아보고 싶었습니다. 자연이처럼 한 가지 동물을 정하여 자세하게 조사하여 보고, 새로 알게 된 내용을 친구들과 함께 이야기하여 봅시다.

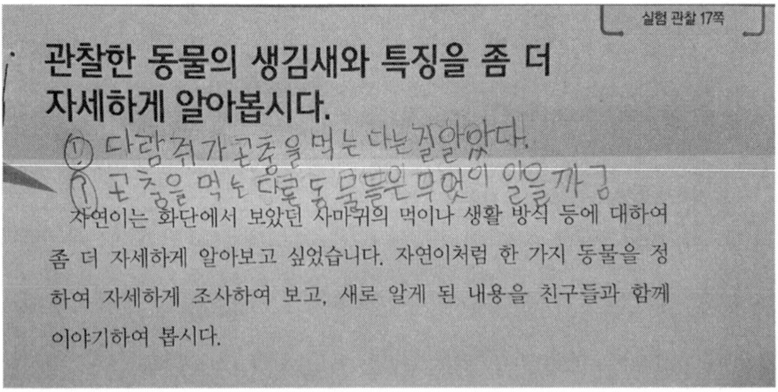

실험 관찰 17쪽

관찰한 동물의 생김새와 특징을 좀 더 자세하게 알아봅시다.

① 다람쥐가 곤충을 먹는 다는걸알았다.
① 곤충을 먹는 다른동물은무엇이 있을까?

자연이는 화단에서 보았던 사마귀의 먹이나 생활 방식 등에 대하여 좀 더 자세하게 알아보고 싶었습니다. 자연이처럼 한 가지 동물을 정하여 자세하게 조사하여 보고, 새로 알게 된 내용을 친구들과 함께 이야기하여 봅시다.

[그림 5] 차시마다 교과서에 기록한 지식 코인과 지식 투자

(자유탐구 연계 예시)

"곤충을 먹는 다른 동물은 무엇이 있을까?"를 지식 투자로 기록한 학생은 "동물들의 먹이 차이"라는 주제로 자유탐구를 한다.

예) 육식동물들의 먹이

예) 초식동물들의 먹이

수업 사례

3학년 2학기 과학. 1. 동물의 생활

• 주변에서 볼 수 있는 동물을 찾아 관찰하여 봅시다.

① 동물 사진 보며 질문 만들기

교과서에 제시된 동물 사진 하나를 선택했다. 선택한 동물 사진을 보면서 질문 노트에 질문을 만들어 기록했다.

학생 질문 예시

(개구리)	(고양이)
Q. 왜 개구리는 주름이 있을까?	Q. 고양이의 종류는 얼마나 많은가?
Q. 왜 개구리는 볼을 크게 하고 있을까?	Q. 고양이의 눈이 밤에 반짝거리는 이유가 무엇인가?
Q. 왜 개구리의 뒷발은 앞발보다 클까?	Q. 고양이는 무엇을 먹고 살까?
Q. 개구리의 눈이 튀어 나온 이유가 뭘까?	Q. 고양이의 털 무늬는 왜 다른가?
Q. 만약 내가 개구리라면 어디에 살고 싶을까?	Q. 고양이는 감정이 있을까?
	Q. 내가 길고양이라면 어떤 느낌이 들까?

(나비)	(거미)
Q. 나비의 종류는 많을까? Q. 나비는 무엇을 먹을까? Q. 나비의 이름은 어떻게 정해지는가? Q. 나비는 어떤 소리를 낼까?	Q. 모든 거미들은 독이 있을까? Q. 거미는 왜 다리가 8개 일까? Q. 왜 거미는 곤충이 아닐까? Q. 거미한테 물리면 스파이더맨이 될 수 있을까? 물리면 어떻게 될까? Q. 거미는 몇 개의 알을 낳을까?

② 짝과 함께 하브루타 하기

자신의 질문으로 짝과 함께 이야기를 나누었다. 서로 이야기를 나눈 후 개인 생생 질문을 골랐다. 친구들과 이야기를 나눌 때 중요한 포인트는 "너는 왜 그것이 궁금했어?"라고 되묻는 것이다.

생생 질문으로 하브루타 하기 예시

(고양이)
학생1: Q. 고양이의 눈이 밤에 반짝거리는 이유가 무엇일까?
학생2: Q. 너는 왜 그것이 궁금하니?
학생1: A. 주변에서 길고양이들을 많이 봤는데 밤에 고양이 눈을 볼 때 무서워서 낮에 봤던 것과 달라 궁금해.

---

③ 전체 하브루타(쉬우르)

생생 질문으로 전체 하브루타를 했다. 다른 친구들의 생생 질문을 통해 자신의 자유탐구 주제를 선정하는 데 영향을 받기도 했다. 위의 예시 중 '고양이의 눈이 밤에 반짝거리는 이유가 무엇인가?'에 흥미를 가진 학생은 실제 자신의 자유탐구 주제로 선정하여 고양이에 대한 탐구를 계획하고 실행하여 발표를 하였다.

질문이 자유탐구 발표 대회로 연계된 예시

주제: '고양이 눈은 어떻게 다른가?'

Ⅰ. 탐구 1: 고양이의 종류
Ⅱ. 탐구 2: 고양이 눈의 특징
Ⅲ. 탐구 3: 감정에 따른 고양이 눈

수업 후기

3학년 2학기 1단원 '동물의 생활'에서 동물들을 보면서 마음에 드는 동물을 골라 교과서에 나온 사진을 보며 질문을 적도록 하였다. 나비를 고른 아이는 "나비는 왜 소리가 없고 '훨훨'이라고 하지?"란 질문을 했다. 교사인 나도 한 번도 궁금해하지 않았던 질문이었다. 개구리는 개굴개굴, 사자는 으르렁, 돼지는 꿀꿀, 닭은 꼬끼오가 있는데 나비는 훨훨이라는 의태어는 있지만 의성어가 없음을 질문하다니! 얼마나 놀라운 변화인가! 아이들과 하브루타를 함께 한, 또 다른 배움의 순간이었다. 자신의 질문에 친구들이 찬사를 보내고 교사가 놀라는 모습에 자신감이 생겼던 것일까? 평소 과제를 잘 하지 않던 개구쟁이 학생이 스스로 조사를 하고 과학 시간에 발표를 하였다. 과학적인 근거가 있는 내용은 아니었지만 스스로 했다는 것에 박수를 보내주었다. 작은 것 하나하나가 쌓여 궁금해하는 주제를 선정할 줄 알고 스스로 탐구하는 것이 진정한 자유탐구가 아닐까?

2 주제별 하브루타

나눔을 실천하는 '경제 하브루타'

"돈을 버는 이유가 다르다"

하브루타 경제교육은 돈에 대한 가치관과 돈을 쓰는 방법에 대한 고민을 출발점으로 삼는다. 유대인은 돈을 버는 이유가 다르다. 돈을 필요로 해서 버는 것이 아니라 다른 이들을 돕기 하기 위해 돈을 번다고 한다. 기부왕 폴 마이어는 오전에는 돈을 벌고, 오후에는 그 돈을 다른 사람을 위해 쓰기 위해 시간을 보내고, 집으로 와서는 아내와 함께 어떻게 돈을 벌지에 대해 궁리를 한다. 《기부왕 폴 마이어의 좋은 습관 24가지》에서 폴 마이어는 "내가 번 돈은 내 것이 아니라고 생각한다."라고 밝혔다[28]. 유대인들의 경제교육은 베풂과 나눔으로 표현된다. 유명한 자선 활동가들은 공동체에 헌신하는 법을 어려서부터 배우고 익힌다. 하브루타 경제교육은 하브루타 가족 식탁과 연계하면 좋다.

세계 최고의 부자인 워렌 버핏은 항상 겸손한 생활을 유지하며 "부자들에게 세금을 더 많이 걷어야 한다."며 부자들의 미움을 받

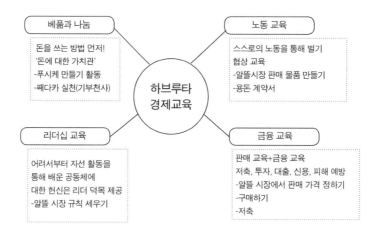

았다. 경제에 대한 바른 가치관을 정립하여, 베풂과 나눔, 노동이
유기적으로 이루어져 행복한 삶을 살 수 있다.

방법

① 경제와 관련된 이야기 또는 영상으로 하브루타를 한다.

② 돈을 버는 진정한 이유에 대한 이야기를 나눈다.

③ '베풂과 나눔'을 위한 나만의 푸쉬케(째다카 활동을 할 때 쓰
는 저금통)를 만든다.

④ 알뜰 시장(나눔 장터), 아나바다 운동 등에서 스스로 상품을
판매하는 기회를 갖게 한다.

⑤ 이익금은 저축하거나 기부한다.

⑥ 째다카 활동-알뜰 시장-기부 천사 활동을 연계한다.

[그림 6] 푸쉬케 만드는 장면

[그림 7] 푸쉬케(째다카 저금통)

수업 사례

5학년 2학기 창의적 체험활동. 1. 베풂과 나눔

- 알뜰 시장을 통해 '베풂과 나눔'을 실천해봅시다.

① 알뜰 시장 규칙 정하고 준비하기

가정에 째다카와 알뜰 시장의 의미를 안내했다. 하브루타 가족 식탁에서 알뜰 시장을 주제로 가족과 이야기 나눠보도록 했다. 알뜰 시장은 아나바다 운동 겸 아이들이 대화와 타협, 협상의 기술을 익힐 수 있는 좋은 경제교육의 일환으로 판매 경험을 가질 수 있도록 협조를 구하였다. 부모님과 상의해서 결정한 알뜰 시장 판매 품목을 가져오도록 했다. 학급에서는 뜻 깊은 알뜰 시장을 위해 하브루타를 하며 함께 규칙을 수립한다. 알뜰 시장에서 빛내고 싶은 덕목으로 사랑, 명예, 평온함, 친절, 배려, 예의, 기쁨함, 협동, 창의성, 책임감을 이야기했다.

② 알뜰 시장 열기

움직이는 동선을 고려하여 강당에 학급별 물건을 진열하였다. 학부모님들도 참여하여 한 코너를 담당하였고, 음식도 판매하였다. 물건을 사려고 하는 소비자와 물건을 판매하려는 판매자 중 한 쪽만 존재한다면 시장이 형성될 수 없다. 학생들에게 물건을 판매하면서 본인도 구매하고 싶을 때에는 잠시 가게를 옆 친구에게 맡기고 다녀올 수 있게 하였다. 시장에 어떤 물건이 나왔는지 살펴볼 시간을 먼저 주었는데 시작과 동시에 곳곳에서 판매와 협상이 이루어졌다. 자신의 물건이 팔리지 않는 친구들은 서운함을 느끼기도 했다. 가슴 아프겠지만 원인을 생각해보고 다음에 성공하기를 격려

[그림 8] 알뜰 시장 전체 모습

[그림 9] 알뜰 시장에서 향초, 고무장갑 등 생활용품을 팔고 수익금을 자랑하는 장면

했다.

③ 기부천사 활동하기

판매한 아이들은 판매 수익의 최소 20%는 기부하도록 약속

을 정했다. 무엇을 판매하고 구매했으며 수익금과 기부금은 얼마인지 기록하도록 알뜰 시장 판매 물건 정리 장부를 배부했다. 학생들은 물건을 판매하고 구매하는 동안 중간중간에 기부함에 기부금을 넣었다. 부모님과 상의해서 판매할 물품을 가져오는 것도 기부에 속한다. 판매자가 아니여도 기부할 수 있도록 했다. 기부함 옆에 마련된 포스트잇에 이름을 적어서 붙인 뒤 복도에 게시했다.

1. 가져 온 물건의 이름과 개수를 모두 적어 놓습니다.
2. 판매량에 개수를 표시한 후 수입을 적은 후 총수입과 기부금을 계산합니다.

물건 이름	개수	가격	판매량	수입액
예)가 위	5	500	3	1500
향초	2	500	2	1000
염색약	2	1000	1	1000
LED장식품	2	500	2	1000
고무장갑	1	1000	1	500
수세미(세트)	1	1500	1	1500
옷장·벽걸이등 방향제	2	1200	1	1200
디저트 꽃 수저	3	1200	3	3600
그릇 받침대	1	1500	1	1500
파일	1	1200	0	0
공기청정가세	2	2000	2	4000
공기청정가세	2	2000	2	4000
캔들홀더	1	2000	1	1000
캔들(대형)	1	1500	1	500

[그림 10] 알뜰 시장 판매 장부

[그림 11] 기부 천사가 되자!

수업 후기

'세 친구' 탈무드 하브루타를 통해 우리가 어떤 모습으로 살아가며 어떤 모습으로 생을 마감하는 것이 행복한 부자인지에 대해 충분히 이야기를 나누었다. 사신만을 위해 돈을 벌어 쓰고 싶다고 말하는 학생도 있었지만 하브루타는 다양한 의견을 수용하는 철학을 바탕으로 하기에 존중해주었다. 그 학생도 플레이콘과 매직을 이용해 푸쉬케를 만드는 활동과 알뜰 시장 등 경제교육에 동참하였다.

알뜰 시장을 준비하면서 학생들과 부모님들에게 알뜰 시장의 취지를 여러 번 강조하여 설명하고 안내했다. 자녀의 경제교육에 있어 돈을 쓰는 법부터 가르치는 것이 중요하다. 학생의 경제교육의 첫 번째는 기부 활동이다. 자선 활동에 동참하는 일의 출발은

집안에서 필요하지 않지만 다른 친구들에게는 귀하게 쓰일 수 있는 물건을 찾아서 내어 놓는 것이었다. 알뜰 시장의 물건이 다양하고 풍성하였기에 아이들도 즐겁게 참여할 수 있었다. 알뜰 시장을 통해 모금된 돈은 기부하여 좋은 곳에 쓰도록 했다. 하브루타를 통해 모금된 돈은 어떻게 쓰일 것인지, 어느 곳에 기부할 것인지 등에 대해 이야기를 나눠 보고 결정했다. 알뜰 시장에서 물건을 판매하고 물건 값에 대해 협상하는 경제활동을 통해 여러 가지 역량을 기를 수 있는 계기가 되었다.

〈탈무드 세 친구〉

옛날 어느 나라에 한 청년이 살고 있었다. 그에게는 세 친구가 있었다. 첫 번째 친구는 가장 친하다고 생각하는 친구였고, 두 번째 친구는 그렇게 친하지는 않지만 좋아하는 친구였고, 세 번째 친구는 이름만 아는 친구였다.

어느 날 왕으로부터 한 통의 편지가 도착했다. 왕궁으로 출두하라는 명령이었다. 그는 자신이 뭔가 잘못을 했기 때문에 왕에게 불려가는 것이라고 생각하고 겁이 났다. 그래서 세 친구들 중 한 명을 데리고 가기로 했다.

먼저 가장 신뢰하는 첫 번째 친구에게 사정을 말하고 함께 가달라고 부탁했다. 그러자 첫 번째 친구는 쌀쌀맞게 거절했다. 하는 수 없이 두 번째 친구에게 부탁했더니 왕궁 입구까지만 같이 가주겠다는 조건을 달았다.

믿었던 두 친구에게 배신감을 느낀 청년은 마지막으로 세 번째 친구에게 부탁해보았다. 그러자 평소 친분이 깊지 않았음에도 세 번째 친구는 "당연히 함께 가야지. 자네에게 무슨 죄가 있겠나. 가서 왕을 만나보세."라고 그를 위로하며 동행해주었다.

지혜를 추구하는 '철학 하브루타'

"생각의 힘을 키우는 나도 철학자."

어떻게 하면 생각의 힘을 기를 수 있을까? 누구나 생각이 다를 수 있고 그것을 인정하며 격려와 칭찬을 아끼지 않으면 생각을 하려는 마음이 생길까? 이런 생각을 하고 있어서 인지 EBS의 〈생각하는 동화 '작은 철학자'〉는 정말 좋은 자료였다. 글이 아닌 영상으로 되어 있기에 학생들이 지루해하거나 재미없어하지 않았다.

교육과정이 침해되지 않는 시간을 확보하기가 어려워 아침 시간을 활용하였다. '무지개 아침 활동 주간'을 설정하여 한 달에 한 편의 동화를 진행하였다. 월요일은 동화 보기, 화요일은 질문 만들기, 수요일은 하브루타, 목·금요일은 생각 표현활동을 했다. 횟수가 거듭될수록 핵심 단어와 줄거리를 쉽게 적었고 다양한 생각을 인정하는 분위기가 형성되었다.

성장기의 학생들에게 간접적인 경험으로 갈등 상황을 극복하고 자신의 철학과 소신이 자리 잡혀 스스로 생각하는 힘을 길러주는 좋은 방법이다.

방법

① EBS 〈생각하는 동화 '작은 철학자'〉의 동영상 한 편을 보면서 핵심 단어를 적는다.

② 단어를 보면서 시청한 영상의 줄거리를 적는다.

③ 질문을 만든다.

④ 질문에 답하며 짝과 함께 하브루타를 한다.

⑤ 생생 질문을 골라 모둠원과 하브루타를 한다.

⑥ 체인지(體認知)를 작성한다(체인지란 좋은 습관 형성을 위해 실천하고 싶은 것).

⑦ 영상과 어울리는 미덕을 찾는다.

⑧ 생각을 표현하는 시간을 갖는다(뒷이야기 상상하기, 그리기, 글쓰기 등).

	요일	아침 활동
무지개 아침 활동 주간 운영	월요일	• 선정한 EBS 〈생각하는 동화 '작은 철학자'〉 영상 보기 • 영상 보고 줄거리 적기 (과제 가능)
	화요일	• 친구와 나누고 싶은 질문 만들기
	수요일	• 질문 중심으로 하브루타 하기
	목요일	• 생생 질문 선택하기 • 전체 하브루타 하기
	금요일	• 자신의 생각 표현하기 (그림 또는 글)
	주말 과제	• 이번 달 하브루타 부모님과 이야기 나누기

수업 사례 1

'무지개 아침 활동 주간 운영'- 〈작은 철학자〉로 '나도 솔로몬'

• '어머니의 마음'으로 하브루타를 즐겨봅시다.

[월요일] 동화 보기

학생들의 학교생활을 지켜보며 상황에 따라 필요한 덕목이 무엇인지 생각해보았다. 관련된 영상을 선택하여 준비했다. 영상은 EBS 〈생각하는 동화 '작은 철학자'〉를 활용하였다. 학생들이 영상에 집중할 수 있는 분위기를 조성하는 것이 중요했다. 처음에는 영상을 보고 궁금한 것을 질문해야 함을 인지시키고 익숙해지면 영상을 본 후 줄거리를 적어야 한다고 안내했다. 학생들은 줄거리를 적기 위해 영상에 더 집중하는 모습을 보였다.

'어머니의 마음' 줄거리: 아랍 이야기로 부인이 어머니만 생각하는 남편을 보면서 시어머니를 버리라고 한다. 남자는 고민 끝에 버리지 않는다면 떠난다는 부인 말을 듣고 높은 탑으로 버린다. 그래도 밤낮으로 어머니를 생각하는 남편을 보면서 부인은 어머니의 심장을 가져오라고 한다. 남자는 고민을 하다가 어머니의 심장을 가져온다. 집으로 내려오던 중 넘어지는 남자는 심장을 놓치고 만다. 그때, 어머니의 심장이 "괜찮니?"라고 물어봤다. 그 말을 듣고 남자는 심장을 안고 자신의 행동을 후회하면서 운다. 죽어서까지 자식을 사랑하는 어머니의 마음을 담고 있다.

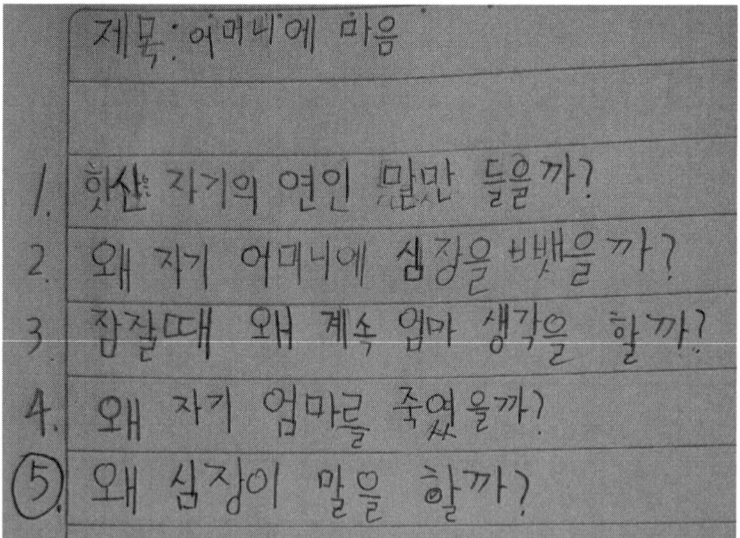

제목: 어머니에 마음

1. 핫산 자기의 연인 맘만 들을까?
2. 왜 자기 어머니에 심장을 뺐을까?
3. 잠잘때 왜 계속 엄마 생각을 할까?
4. 왜 자기 엄마를 죽였을까?
5. 왜 심장이 말을 할까?

[그림 12] 영상 시청 후 질문 만들기(질문 노트 활용)

[화요일] 질문 만들기

동화를 보고 자신이 궁금하거나 친구와 함께 나누고 싶은 것을 질문 노트에 적었다.

[수요일] 짝과 함께 하브루타 하기

짝과 대화를 잘 이끌어 나가기 위해서는 "너의 생각은 어때?"라고 되묻는 연습을 해야 한다. 그리고 상대방의 말을 잘 경청하는 기본이 가장 중요하다. 다른 친구들과의 생각을 공유하고 싶은 경우는 짝 바꾸기 활동을 하면서 진행했다. 아침활동 시간이 부족한 경우 쉬는 시간을 활용하여도 좋다. 생생 질문을 선택하고 마무리했다.

[목요일] 생생 질문으로 전체 하브루타 하기

생생 질문으로 전체 하브루타를 하는 경우를 쉬우르라고 한다. 이때는 교사의 생각도 표현하면 좋다. 중요한 것은 이상한 질문이란 분위기를 형성해서는 안 되며 어떤 질문이든 허용되는 분위기를 조성해야 한다. 또, 같은 동화를 보고 짝과 함께 하브루타를 했지만 서로의 생각이 다름을 느낄 수 있도록 유도하는 것도 중요하다.

질문1) 왜 심장을 가져오라고 했을까?

질문2) 왜 심장이 말을 할까?

　　　- 심장은 실제 말을 못한다. "괜찮니?"라는 말을 한 이유 하브루타

- 어머니의 마음에 대해 하브루타

- 심장의 말을 들은 남자의 마음에 대해 하브루타

질문3) 남자의 아내처럼 나만 좋아해주길 바랄 때는 없는가?

- 부모와 형제의 관계에서 질투 나는 경험 나누기

- 친구들과의 관계에서 질투 나는 경험 나누기

[금요일] 생각 표현: 뒷이야기 꾸며 그려보기

하브루타를 통해 시청한 동화에서 느낀 점을 자신의 언어로 표현하는 시간을 가졌다. 그림이나 시, 뒷이야기 상상해보기 등 다양한 방법을 활용했다.

[그림 13] 뒷이야기를 상상하여 그린 학생 작품

수업 사례 2

'무지개 아침 활동 주간 운영'-〈작은 철학자〉로 '나도 솔로몬'

• 아랍 설화 '미치광이 왕국'으로 하브루타를 즐겨봅시다.

[월요일] 동화 보고 줄거리 적기

줄거리: 마을이 평온하고 행복한 나날을 보냈다. 어느 날 사악한 마녀가 나타났다. "이 나라는 왜 이렇게 편안한 거야? 도저히 참을 수 없어."라며 백성이 매일 마실 물에 약을 탔다. 조용히 아주 조용히 파문이 일더니 보랏빛 연기가 나고 우물이 이상하게 변해갔다. 다음 날 보랏빛 연기의 물을 마신 백성은 미쳐가기 시작했다. 점차 난폭해졌고 결국 미치광이 왕국이 되고 말았다. 평화롭던 마을이 한순간에 무너졌다. 왕은 "제발, 정신 좀 차리세요"라고 소리쳤다. 코를 막고 보랏빛 연기가 나오는 우물을 흙으로 덮어버렸다. 백성들은 "우물을 막다니 미쳤어!", "맞아, 왕이 미쳤어." 하면서 왕을 쫓아냈다. 쫓겨난 왕은 춥고 배가 고팠다. 더 힘든 것은 외로움이었다. '세상 사람들이 다 미쳤는데 나만 혼자 정상이면 뭐하겠어!'라고 생각한 왕은 미치광이 왕국으로 돌아가 미친 사람의 흉내를 냈다. 왕은 더 이상 외롭지 않았다.

[화요일] 질문 만들기

[수요일] 하브루타 하기

[목요일] 생생 질문으로 쉬우르 하기 (꼬꼬물 질문으로 진행)

질문1) 백성들은 왜 왕을 쫓아냈을까?

-김O: 백성이 먹는 우물을 왕이 막았기 때문입니다.

-교사: 왜 왕이 막았나요?

-준O: 그 물을 계속 먹으면 백성들이 점점 더 미쳐가니까

-홍O: 백성들이 더 심하게 미치광이가 될까봐서

-교사: 왕은 어떻게 우물이 심각한지 알게 되었나요?

-예O: 우물에 연기가 나서

-홍O: 순찰한 병사가 우물이 심각하다고 말했을 것 같다.

-지O: 왕은 현명해서 백성이 변한 것을 알아챘기 때문에

-홍O: 물을 못 먹게 막아서 백성이 화가 나서 쫓아 냈어요.

-교사: 백성들은 물을 어떻게 생각했을까?

-예O: 그냥 평소 먹던 물

-지O: 약을 탄 맛이 안 나서 그냥 평범한 물

질문2) 왜 왕은 미치광이 흉내를 냈을까? 〈생생 질문〉

-준O: 너무 너무 외로워서 차라리 미치광이가 낫다고 생각했기 때문

-홍O: 백성을 떠나 혼자 있어 외로웠다.

-지O: 왕을 뺀 다른 사람들이 모두 미치광이였기 때문에 왕도 같이 놀고 싶어서요.

-교사: 외로웠던 적이 있나요?

-예O: 매일 외롭다. 왜냐하면 우리 반에는 남자가 3명이고 여자는 나 혼자이기 때문에

-지〇: 학교 끝날 때 외롭다. 왜냐하면 친구들은 다 태권도 가고 나는 집에 혼자 있어서

-준〇: 엄마가 없을 때 외롭다. 왜냐하면 집에 혼자 남아 쓸쓸해서

-홍〇: 없다. 왜냐하면 늘 가족이 같이 있어서

-교사: 이렇게 외로울 때 어떤 생각이 드나요? 무엇을 하나요?

-예〇: 왕따가 된 느낌이다. 혼자서 그림을 그린다.

-지〇: 뭔가 귀신이 나올 것 같다. 재미있는 상상을 한다.

-준〇: 고아가 된 느낌이다. 안 무섭게 잠을 잔다.

-교사: 너희가 외로운 왕이라면?

-예〇: 왕처럼 백성과 같이 미치광이 흉내를 낸다.

-지〇: 미치광이 흉내를 내지 않고 다른 나라에 가서 산다.

-준〇: 참고 참다가 힘들어지면 삶을 포기한다.

-홍〇: 혼자만의 나라를 만들고 미치광이 왕국을 구할 것이다.

-교사: 100명의 백성과 1명의 왕 중 누구의 의견이 맞다고 생각하는가?

-예〇: 100명이 생각을 바꾸기가 힘드니까 100명의 의견이 맞다.

-지〇: 지혜롭고 현명한 생각을 가졌으니 1명이여도 왕이 맞

다.

-준○: 약물인지 알고 마시지도 않았고 현명한 왕이니까 1명의 생각이여도 왕이 맞다.

-홍○: 1명의 왕이여도 현명하니까 맞다

질문3) 왜 왕은 보라빛 연기가 나는 우물을 마시지 말라고 했는데 백성들이 마셨을까?

-홍○: 왕이 거짓말을 한다고 생각했기 때문에

-준○: 물을 먹고 싶어서

-예○: 너무 목이 말라서 어쩔 수 없이 마셨다.

질문4) 하필이면 마녀는 왜 이 마을에 약을 탔을까?

-홍○: 마녀가 나쁜 것을 잘 만들기 때문에

-준○: 왕국이 너무 평화롭기 때문에 마녀가 싫었기 때문에

-예○: 마녀는 심술이 많으니까 좋은 것을 못 보기 때문에

-지○: 마녀는 장난을 치고 싶어서

질문5) 왜 백성들이 미치광이가 되었는가?

-홍○: 마녀가 점점 미쳐가는 약을 타서

-준○: 약물을 약인지 모르고 계속 먹었기 때문에

[금요일] 생각 표현하기: 이야기의 교훈 말해보기

여러 사람이 가진 생각이 모두 옳은 것은 아니다. "틀린 것은 틀리다"라고 말할 줄 알아야 한다. 한 사람의 의견이라도 소중히 여긴다.

「작은철학자」로 '나도 솔로몬'

금당동초등학교 3학년 (   )

❈ 제목 미치광이 왕국

❈ 학습주제

❈ 줄거리 어떤 왕국의 백성들이 너무 평화로워서 어떤 마녀가 나타났다. 그래서 그 마녀가 너무 평화로움을 질투 보고 나서 어묵생이 나서 물에 약을 타 버렸다. 그 약을 먹은 백성들은 점점 미쳐 버리게 됐다. 그길로 왕은 그 약물을 먹지 말라고 했는데 백성은 계속 먹었다. 그래서 왕이그걸 막아배렸다. 그런데 백성들이 왕이 이상하다고 하면서 쫓겨냈다. 그 데 왕은 너무 외로워서 같이 미치광이처럼 똑같이 내쫓냈다.

❈ 궁금해요. 같이 나누고 싶어요!

1	왜 마녀는 약을 탔을까?
2	왜 왕은 외로웠을까?
3	왜 백성들은 왕을 쫓겨냈을까?
4	왜 왕은 미치광이 처럼 화를 냈을까?
5	왜 먹지말라고 했는데 왜 말을 안들었을까.

❈ 생각의 발자국 (그림, 글, 마인드맵 등 생각의 흔적을 남기기×)

〈내 생각〉나무 왕은 외롭다고 생각한다.

〈친구 생각〉

❈ 하브루타 (저는 _____ 생각합니다. 왜냐하면 _____ 이기 때문입니다.)

아히요. (저는 1000명의 백성들이 맞다 생각합니다. 왜냐하면 공리영이 맞기 때문에)

❈ 체인저 (   ) = Change UP!! (좋은 습관 만들기)

한 사람의 말도 존중하자

❈ 마음의 보석 찾기

존중, 사려,

[그림 14] 〈미치광이 왕국〉 줄거리

수업 후기

앞의 사례 중 '어머님의 심장'은 5월 가정의 달을 맞이하여 실시하였다. 처음에는 질문 노트에 질문 만들기만 하다가 익숙해지면 '나도 솔로몬'이란 학습지를 도입하여 줄거리를 쓰는 연습도 병행했다. 핵심을 파악하고 있어야 줄거리를 쓰기 때문에 경청은 물론 글 쓰는 능력이 많이 향상되었다. 학습지의 '체인지(體認知)=change up'은 동화를 통해 자신이 느낀 무언가를 위해 지금부터 만들고 싶은 좋은 습관을 적는 곳이다. 또, 버츄 프로젝트를 적용하여 동화에서 느껴지는 미덕을 찾아 적도록 했다. 이런 활동으로 학생들은 미덕의 진정한 의미를 마음으로 이해하며 자신에게 어떤 미덕이 필요한지를 알고 노력한다.

평소에 생각을 깊이 하는 것을 싫어하는 학생들은 이 활동으로 친구와 의견을 나누는 것을 즐기며 자신의 생각을 표현하는 것을 좋아했다. 생각하는 동화에 깊이 빠지면서 학생들은 긍정적인 마음을 품게 되었다. 친구들의 생각을 듣는 활동은 서로의 생각을 알 수 있는 좋은 기회가 되었고 관계 회복은 물론 자아존중감이 높아졌다.

독도 바로 알기 하브루타

"하브루타와 함께하면 독도는 외롭지 않다."

교육과정에 독도교육은 의무화되어 있어 각종 자료를 가지고 독도의 소중함을 설명해왔었다. 그러나 언제부터인가 어떻게

'1~2차시만으로도 독도 교육을 알차게 하면서도 학생들의 마음을 움직일 수 있는 교육을 할 수 있을까?', '독도에 관해 알고 있는 학생들은 과연 몇 명이나 있을까?' 이런 고민을 하기 시작했다. 우리의 땅 독도를 학생들이 바르게 알아가는 것이 먼저란 결론을 내리고 하브루타의 사실 질문을 적용해보았다.

하브루타의 사실 질문이란 텍스트 안에 정답이 있는 질문을 말한다. 사실 질문을 적용하기 위해서는 교사가 미리 독도 관련 자료를 준비해야 한다. 저·고학년 수준에 맞춰 적절한 수준과 양의 자료를 제공한다. 짝과 함께 사실 질문이 적용된 하브루타를 마치고 나면 독도에 관한 다양한 사실들을 알게 되어 독도를 지키고 함께하려는 마음과 관심도가 더 높아진다. 텍스트 자료가 아닌 사회적 화제가 되고 있는 기사나 영상을 사용하는 것도 좋다.

방법

① 교사는 독도에 관한 자료(1~2쪽 분량)를 준비한다.

② 자료를 나눠준다.

③ 학생들이 각자 읽을 부분을 정한 후, 교사는 읽는 부분을 짝에게 설명해야 함을 안내한다.

④ 각자 정한 부분을 읽는다.

⑤ 앞부분을 읽은 사람부터 짝에게 설명한다.

⑥ 자신이 읽은 부분에 대해 사실 질문을 적는다.

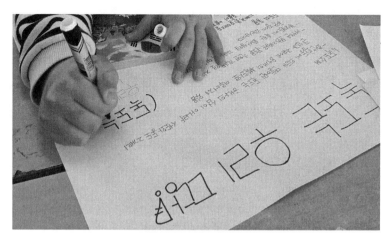

[그림 15] 독도 보고서 작성(후속 활동 1)

⑦ 사실 질문을 짝에게 말하고 짝은 들은 설명을 생각하며 답한다. 답을 못하는 경우는 그 부분에 대해 다시 설명해준다.

⑧ 바꾸어 진행한다.

⑨ 자료에서 자신이 가장 중요하다고 생각하는 핵심 단어를 25개 고른다.

⑩ 5×5 빙고 칸에 기록한다.

⑪ 교사는 독도에서 중요한 핵심 단어를 불러 빙고 게임을 진행한다.

⑫ 독도 영상을 시청한다.

⑬ 독도 관련 후속 활동으로 글짓기, 시, 보고서 작성, 모형 만들기 등을 진행한다.

[그림 16] 독도 모형 만들기(후속 활동 2)

수업 사례

독도 교육

- 우리 땅 '독도'에 대해 알아봅시다.

① 독도에 관한 자료를 읽고 설명하기

미리 준비된 자료를 받은 학생들은 자신이 읽을 부분을 정했다. 그 내용을 읽은 후에는 텍스트를 보지 않고 짝에게 설명해야 함을 알려주고 시간을 정해주었다. 학생들은 처음에는 어수선하고 자신 없어하나 시작하면 좀 더 집중했다.

읽고 나면 앞부분에 해당하는 학생이 먼저 짝에게 자신이 읽은 부분을 설명했다. 짝은 들으면서 이해가 안 되는 부분을 질문했다. 역할을 바꿔 같은 방식으로 진행하였다.

[그림 17] 독도 관련 텍스트[29]

② 사실 질문 만들고 하브루타 즐기기

학생들은 서로 설명이 끝나면 자신이 설명한 부분을 다시 정독했다. 텍스트 안에 중요한 부분을 표시하면서 그것이 정답이 되도록 주어진 시간 내에 사실 질문을 만들었다. 사실 질문으로 짝과 함께 하브루타를 즐겼다. 질문을 했을 때 쉽게 답하지 못하면 함께 텍스트를 보면서 정답을 찾아보았다. 함께 찾아보는 과정에서 소통이 자연스럽게 이루어지며 더 오래 기억하게 되었다.

③ 빙고 게임으로 독도 다시 보기

읽고, 설명하고, 사실 질문 하브루타를 끝내고 텍스트에서 중요하다고 생각하는 단어를 골라 5×5 빙고 판에 기록하였다. 학생들이 돌아가면서 핵심 단어를 말하면서 빙고 게임을 진행했다. 독도에 관한 사실을 알아가는 것이므로 교사가 중요한 핵심 단어를 불러 빙고 게임을 진행하였다. 빙고 게임이 끝나면 독도 관련 영상 '홀로 아리랑'을 시청하였다.

수업 후기

사례에서 소개된 수업 방법은 자신이 읽고 설명하고 사실 질문을 만들면서 다시 한 번 읽게 되고 짝과 하브루타를 하면서 다시 자료를 보게 된다. 계기 교육이나 다양한 자료 제공은 더 힘들었다. 하지만 수업에 참여한 6학년 전○○은 "자료 양이 많아 빠른 시간 내에 이해하기 어려울 줄 알았는데 함께 하니 이해가 빨리 되어서 좋았다", 김○○은 "수업 시간이 정말 빨리 갔다"라고 했다. 하브루타는 혼자가 아닌 둘이서 하기에 그 효과가 컸다.

현충일, 광복절, 통일교육, 6.25 전쟁, 안전교육 등 다양한 교육에 사실 질문 하브루타를 해보았다. 최소한의 자료 제공으로 최대의 효과를 낼 수 있었고 무엇보다 학생들이 시간을 즐겼다. 혼자 알고 있는 것을 짝에게 말하면서 서로에게 시너지 효과가 발생했다.

미래를 설계하는 '진로 하브루타'

"자신과 진로를 탐색할 기회를 제공하는 진로 하브루타"

"법조계가 뭐에요?"

"세무학과가 뭐 하는 거에요?"

학교에서 진로검사를 하고 나면 진로특기적성 종합검사 결과표를 배부한다. Holland 진로탐색에는 유형별 직업, 진학의 특성과 함께 1적성과 2적성 및 진로탐색 유형 종합 의견이 기술되어있다. 그러나 학생들이 검사지를 보면서 자신의 유형과 특성을 생각하기에는 너무 어려운 용어가 많았다. 진로 검사지를 더 자세히 살펴보고 진로교육으로 자연스럽게 흘러가게 할 수는 없을까 고민을 하였다.

진로 하브루타는 각 학교에서 실시하는 진로검사지(여기에서는 Holland 진로탐색유형)를 활용한다. 학생들은 비슷한 유형과 짝이 되어 하브루타를 하면 공감과 진정한 소통이 일어나 적극적으로 참여하는 모습을 보인다. 직업에 대한 보다 정확한 정보를 얻고 스스로 진로를 개척할 수 있는 역량을 키워준다.

삶과 연결시키며 직업과 나의 꿈을 찾아보는 진로 하브루타 시간을 통해 자신의 미래에 대한 긍정적인 기대감을 갖는다. 또한, 자신의 능력과 적성에 어울리는 직업을 선택하려는 태도와 상대의 유형을 알게 되어 배려하는 태도를 지니게 된다.

방법

① 특정 직업을 대표하는 인물 동영상을 보여준다.

② 교사는 커리어넷 주니어 직업 정보를 활용하여 텍스트를 만든다(학급 인원수의 $\frac{1}{2}$ 직업군에 관한 텍스트를 2장씩 준비).

③ 학생들은 직업 정보에 관한 텍스트를 읽는다.

④ 질문을 만든다.

⑤ 같은 텍스트를 갖고 있는 친구를 만나 하브루타를 한다.

⑥ 짝 하브루타에서 나눈 질문을 바탕으로 더 다양한 직업 정보를 탐색한다.

⑦ 수집한 정보를 정리하여 친구들 앞에서 소개한다.

⑧ 신로득기적성 검사 결과에 따라 현실형(R), 탐구형(I), 예술형(A), 사회형(S), 설득형(E), 관습형(C) 6개 그룹으로 모인다.

⑨ 질문과 대화로 그룹의 공통적인 유형별 특성을 찾아본다(공통적인 성향, 좋아하는 활동, 잘하는 활동, 이루고 싶은 꿈, 희망하는 직업 순위).

⑩ 대화를 바탕으로 서로에게 어울리는 구체적인 직업을 진로카드를 이용하여 추천해준다.

⑪ 진로 관련 질문이나 미션을 포함하여 말판 게임을 한다.

⑫ 자신이 이루고 싶은 꿈을 담은 미래 이력서를 작성해본다.

⑬ 진로 하브루타를 한 후 소감을 나눈다.

수업 사례

5학년 2학기 창의적 체험활동. 진로활동

• 나에 대해 알고 여러 가지 직업에 대해 알아봅시다.

[1차시] 텍스트로 직업 탐색 짝 하브루타 (방법 ①~⑤)

특정 직업을 대표하는 인물 동영상을 보여주면서 진로교육에 관한 관심과 호기심을 불러일으켰다. 다양한 직업의 정보를 얻고자 하는 마음을 갖고 직업 탐색 활동을 시작했다.

부모님이 좋아하는 직업과 학생들이 궁금해하는 직업을 미리 조사했다. 결과를 반영하여 직업을 선정하였다. 진로정보망 커리어넷 주니어 직업정보를 이용하여 하는 일, 요구하는 능력과 지식, 관련 진로탐색 유형, 준비 과정, 연봉, 직업 만족도, 전망과 같은 내용이 포함된 텍스트를 활동 전에 만들었다. 학급 인원수의 절반에 해당하는 직업 종류를 준비하였다. 한 직업당 텍스트를 2개씩 주었고 학생들은 같은 직업 텍스트를 갖고 있는 친구끼리 만났다. 직업 정보에 관한 텍스트를 읽고 짝 하브루타를 하였다.

[2차시] 직업 설명하기 (방법 ⑥~⑦)

1차시 짝 하브루타에서 나눈 질문을 바탕으로 커리어넷, 관련 서적, 직업인과의 인터뷰 등에서 직업 정보를 탐색하고 수집해왔다. 수집한 직업의 정보를 더 구체적으로 정리하여 전체 친구들 앞에서 소개하는 활동을 하였다. 짝과 함께 조사하고 발표 준비를 하기에 협력이 이루어졌다.

[그림 18] 진로탐색 유형별 그룹 모임

[3차시] 유형별 특성 파악을 위한 그룹 하브루타(방법 ⑧~⑩)

진로특기적성 검사 결과를 보면 현실형(R), 탐구형(I), 예술형(A), 사회형(S), 설득형(E), 관습형(C)으로 1적성과 2적성이 나온다. 1적성의 결과에 따라 6개 그룹으로 모였다. 교사는 교실에 적절하게 자리를 배치해주었다. 학생들은 그룹 내에

[그림 19] 진로 카드 활용 모습

서 RIASEC 유형 특성을 간단하게 기술한 텍스트를 읽고 공통적인 유형별 특성에 대해 질문을 주고받으며 정리하였다. 공통적인 성향, 좋아하는 활동, 잘하는 활동, 이루고 싶은 꿈, 희망하는 직업의 순위 등에 대해 이야기하였다. 그리고 본인이 이야기한 내용과 지금까지 관찰했던 모습을 떠올리며 진로 카드를 이용해 서로에게 어울리는 구체적인 직업을 추천해주었다. 진로 카드를 활용한 다양한 활동을 하였다.

[4차시] 직업 탐색 활동 말판 게임 (방법 ⑪~⑫)

직업 탐색 활동 발표, 유형별 특성 파악, 직업 추천과 같은 활동 내용으로 진로 하브루타를 하였다. 진로 관련 질문이나 미션을 기록하여 말판 게임을 하였다. 모둠 친구들의 RIASEC 유형 특성, 각 직업군의 정보 등을 다시 한 번 정리

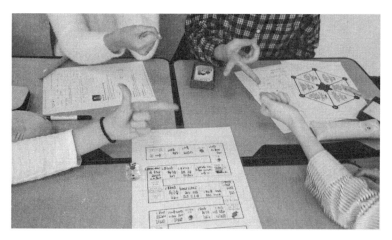

[그림 20] 말판 게임 놀이 모습

함으로써 친밀감을 높이고 유대감을 형성했다. 자신이 이루고 싶은 꿈을 담은 미래 이력서를 작성해본 후 진로 하브루타 활동에 대한 소감을 나누었다.

수업 후기

커리어넷 사이트 주니어 직업정보를 활용해 탐색할 때 아이들은 눈이 반짝였다. 특히 연봉에 관심이 높았다. 같은 기질과 유형을 가진 학생들이 모여 공감대가 형성되면서 마음이 착착 맞아 활동에 몰입하였다. 진로교육은 끝났지만 비슷한 유형을 가진 친구들이 만나 구체적인 계획을 세우거나 꿈을 위한 버킷리스트를 작성하였다. 자신의 미래에 대한 긍정적인 기대감을 갖고 자신의 능력과 적성에 어울리는 직업을 선택하려는 태도를 갖게 되었다.

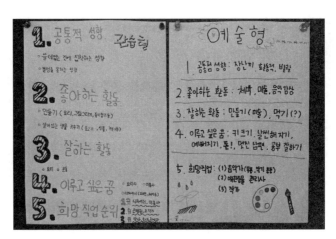

[그림 21] 유형별 특성 정리

    사회형인 지연이와 함께 질문하며 공통적 성향, 이루고 싶은 꿈, 희망하는 직업들을 정리해 나갔는데 같은 사회형이라 그런지 잘 맞는 부분이 생각 외로 되게 많았다.

    하나의 직업을 가지고 하브루타로 질문을 만드는 활동을 했는데 내가 선택한 사업가에 대해서 더 잘 알 수 있었다. 이렇게 직업에 관련해서 활동을 하니 정말 재미있었고 기뻤다. 앞으로 내가 더 성장할수 있도록 노력해야겠다.

2018. 10. 11. 5학년 박○○ 일기 중에서

우리를 지키는 '안전 하브루타'

"과해도 지나치지 않는다."

2015개정 교육과정 1~2학년 '안전한 생활'이 신설되었다. 이것은 학생들이 일상생활과 재난 상황에서 접하게 되는 위험을 알고 안전하게 생활하는 방법을 익혀 위험을 예방하고 위험 상황에 대처할 수 있는 능력을 기르는 데 중점을 둔다.

현장 체험학습을 가기 전 사전 안전교육은 필수가 되었다. 과학실에서 실험을 실시할 때도 안전교육은 반드시 이루어져야 한다. 이때 학생들 스스로 안전에 대한 경각심을 갖고 지키기 위해 노력하는 모습으로 전환하기 위한 방법은 없을까? 안전 수칙을 준수해야 할 타낭성을 스스로 찾는 것은 매우 중요하다. 이는 실천 의지를 강화해준다.

안전교육에도 하브루타 적용이 가능하다. 사실적인 텍스트를 통해 서로에게 설명하고 말판 놀이나 빙고 놀이를 이용하여 재미 요소를 추가한다. 동영상을 보고 설명을 듣는 것은 '아, 조심해야겠구나.'란 생각을 하게 한다. 그러나 이를 넘어 친구들과 이야기를 나누면 안전교육의 중요성을 깨닫게 된다. 친구와 함께 하브루타를 한 안전교육으로 안전에 필요한 지식, 기능, 태도를 이해하고 대처 능력을 기른다. 마지막에 자신의 생각을 비주얼 씽킹으로

정리하는 시간을 갖는다. 안전 불감중에서 벗어나는 교육이 진정
한 안전교육이다.

방법

① 교사는 안전에 관한 자료(1~2쪽 분량)를 준비한다.

② 자료를 나눠준다.

③ 학생들은 자료를 읽으면서 중요 단어에 체크한다.

④ 4×4빙고 칸에 기록한다.

⑤ 빙고 판에 적힌 단어를 보면서 질문을 만든다.

⑥ 짝과 하브루타를 한다. 단어를 적은 이유도 함께 말한다.

⑦ 답을 못하는 경우는 그 부분에 대해 자료를 보고 함께 확인
   한다.

⑧ 교사는 빙고 게임을 진행한다(안전 수칙에 나오는 핵심 단어
   를 교사가 제시한다).

⑨ 학생들은 안전 관련 영상을 시청한다.

⑩ 비주얼 씽킹으로 정리한다(한 장 포스터 표현하기도 좋다).

⑪ 안전을 위한 실천 의지를 발표한다.

수업 사례

6학년 2학기 과학

• 실험실 안전 수칙에 대해 알아봅시다.

① 자료 보며 핵심 단어로 빙고판 완성하기

　　실험실 안전 수칙을 정리한 자료를 보여주었다. 과학 교과서를 활용하였다. 실험실 안전 수칙을 읽으면서 자신이 중요하다고 생각하는 단어나 그림의 핵심 포인트에 체크하게 했다. 나눠준 학습지 빙고 판에 단어들을 썼다. 적힌 단어들을 보면서 질문을 만들었다. 이때, 사실적 질문을 위주로 적었다. 하지만 "만약에 내가 ~~하지 않았다면~~?"과 같은 상상 질문을 해도 안전교육에 도움이 되기 때문에 수용해주었다.

② 짝과 함께 하브루타 하기

　　자신이 만든 빙고판에 적은 낱말로 짝 하브루타를 했다. 질문을 짝에게 하면서 왜 자신이 이런 질문을 만들었는지에 대한 이유도 설명하게 하였다. 긴장감 있는 빙고 게임을 위해 하브루타를 하는 중 빙고 판에 석힌 단어를 짝에게 보여주지 않도록 안내하였다. 다소 뻔한 질문과 답을 주고받을 수도 있지만 빙고 게임이 준비되어있기 때문에 학생들은 진지하게 활동에 참여하였다.

〈학생들이 실험실 안전 수칙에서 만든 질문들〉

Q1. 실험실에서 장난하면 어떻게 될까?

Q2. 만약에 시험관을 만지다가 깨지면 어떻게 해야 할까?

Q3. 약품의 냄새는 어떻게 맡아야 할까?

Q4. 알코올램프는 어떻게 사용해야 할까?

[그림 22] 자료에 중요부분 체크하며 읽는 모습

[그림 23] 빙고판 완성하는 모습

Q5. 만약에 알코올램프를 사용하다가 불이 책상에 붙는다면
나는 어떻게 해야 하나?

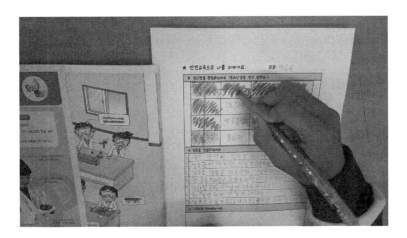

[그림 24] 빙고 게임 하는 모습

③ 빙고 게임 & 스스로 정리하기

하브루타가 끝나면 빙고 게임을 하였다. 친구들이 중요하게 생각하는 실험실 안전 수칙에 대해 알게 되고 여러 번 반복해서 듣게 하였다. 반복된 듣기는 선생님의 설명보나 너 효과적으로 머릿속에 남는다. 빙고 게임이 끝나면 안전 관련 동영상을 시청했다. '나만의 실험실 안전 수칙'을 비주얼 씽킹으로 정리하여 실험 관찰에 붙이게 하였다. 정리가 끝나면 실험실에 왔을 때 실험실 안전 수칙 실천 의지를 발표하며 마무리하였다.

수업 후기

6학년 김○○ 학생은 "실험실 안전 수칙을 심각하게 생각한 적

[그림 25] 비주얼 씽킹으로 완성한 안전교육

이 없었는데 질문을 만들면서 하브루타로 하니 더 생각하게 되는 것 같아요."라고 말했다. 학생들 대부분이 실험실 안전 수칙을 소홀히 생각했다. 실험실 안전 수칙뿐만 아니라 다양한 안전교육 하브루타를 하였다. 태풍(재난안전)에 관한 영상 또는 텍스트를 제시하고 진행한 안전 하브루타는 학생들 스스로 태풍의 피해와 안전한 대피 방법에 대해 이야기를 나누게 했다. 동영상을 보고 질문을 만들기 때문에 꼬리에 꼬리를 무는 질문 속에 자연스럽게 안전 관련 내용이 자리 잡게 되었다. 교사의 일방적인 안전교육이 아닌 학생들 스스로 질문하고 답하는 안전교육은 학생들의 생각을 자극하는 기회를 준다. 안전에 대한 심각성과 불감증에서 해방될 수 있고 예방의 중요성을 느끼게 된다.

세상 바라보는 '시사 하브루타'

"신문 속에 세상이 담겨 있다."

요즘은 스마트폰을 이용해 사회적 이슈를 많이 접한다. 책보다 스마트폰을 좋아하는 학생들에게 신문 기사 하나라도 읽을 수 있는 기회를 주고 싶었다. 고학년이 되면 기사 및 주장하는 글을 배우는데 학생들은 근거와 객관적인 사실로 글을 완성하는 것을 가장 힘들어한다. 서론-본론-결론으로 이루어진 글을 자주 접하고 함께 생각할 수 있는 기회를 제공해야 된다.

신문에는 다양한 시사적인 주제가 담겨있다. 시사적인 주제들은 학생들이 알아야 할 사회 현상을 미리 탐색하여 삶의 방향과 기준을 가질 수 있게 한다. 특히, 어린이 신문에는 학생들에게 필요한 다양한 지식과 생각을 넓혀주는 주제들이 많다. 종이 신문이 여의치 않으면 신문사의 누리집을 방문하여 기사를 활용하는 것도 좋다.

신문을 활용한 시사 하브루타를 통해 보는 눈을 길러주고 생각을 키운다면 쉽게 글을 쓸 수 있다. 또, 세상을 바라보는 힘을 키울 수 있다.

방법

① 신문을 한 부씩 고른다.

② 신문을 한 장씩 넘기면서 제목들을 확인한다.

③ 자신이 고른 기사를 스크랩하여 학습지에 붙인다(B4 용지를 사용한다).

④ 기사를 3번 읽는다(훑어 읽기→밑줄 그으며 읽기→구조화하며 읽기).

⑤ 기사 내용으로 질문을 만든다.

⑥ 기사의 내용을 문단별로 한 줄씩 요약해본다.

⑦ 자신의 질문을 읽고 스스로 답을 생각하는 '혼자 하브루타'를 한다.

⑧ 기사의 내용을 발표한다(기사를 읽고 드는 생각, 나의 생활에 미친 영향 등).

⑨ 친구들이 발표한 기사들 중 하나를 선택한다.

⑩ 기사를 다 같이 소리 내어 읽는다.

⑪ 기사에 대해 하브루타를 한다.

⑫ 기사에 대한 각자의 생각이나 느낌을 공유한다.

수업 사례

6학년 1학기 창의적 체험활동

• 신문 속 세상에서 하브루타를 즐겨봅시다.

① 신문 스크랩하고 기사 읽기

주어진 신문을 전체적으로 훑어본 후 기사를 선택했다. 학생들이 선택한 기사는 주제, 내용, 분야가 다양했다. 각자의 생각과 관심, 개성들을 볼 수 있는 기회였다. 기사를 3번 반복하여 읽었다. 처음에는 줄거리를 이해하기 위해 대강 읽고 두 번째는 구조화를 위해 중요 부분에 밑줄을 그으면서 읽었다. 마지막에는 기사를 설명한다고 생각하며 구조화시켜 읽었다. 학생 수준에 비해 너무 어려운 기사를 선택한 학생에게는 교사가 도움을 주었다.

② 혼자 하브루타 & 한 줄 요약하기

각 문단을 한 줄로 요약해보게 하였다. 가장 중요한 핵심 단어 및 문장을 생각하며 자신의 언어로 재구성하여 요약하도

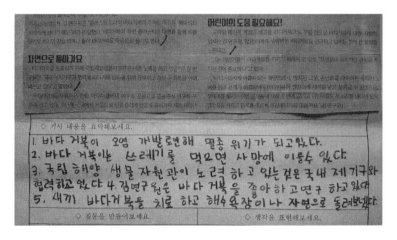

[그림 26] 기사에 나타난 각 문단을 한 줄씩 요약한 것

록 하였다. 처음에는 핵심 문장을 고르는 것부터 시작했다. 요약이 끝나면 기사에 대한 이해가 어느 정도 되었음을 의미한다. 이해가 되면 호기심이 뒤따른다. '왜 이런 기사가 나왔을까?' 등 질문이 쏟아진다. 읽으면서 궁금한 점 또는 이야기 나누고 싶은 질문을 만들게 했다. 질문 만들기가 끝나면 혼자 하브루타를 시작했다. 혼자 하브루타는 자신의 질문을 보고 스스로 답변을 찾아가는 하브루타다. 각자 읽은 기사에 대해 자신의 생각을 정리하여 발표했다. 발표를 들은 친구들은 어떤 내용을 다 함께 공유하고 싶은지 생각했다. 발표가 끝나면 하나의 주제를 정하였다. 주제를 정하는 것은 거수로 간단히 정했다.

③ 발표 및 선정된 기사로 전체 하브루타 하기

선택된 주제(기사)를 실물화상기를 통해 전체 화면에 보이도록 하고, 학생들은 소리 내어 읽었다. 발표 시 친구의 생각을 들었던 기사이기에 한 번 읽으면 이해가 되었다. 기사를 보며 질문을 만들고 친구와 대화하였다. 이때는 질문을 쓰지 않아도 된다. 대화하는 시간을 더 많이 확보해주고 서로의 생각을 들을 수 있도록 하는 것이 중요하다. 선정된 기사에 대한 각자의 느낌을 말하면서 마무리하였다.

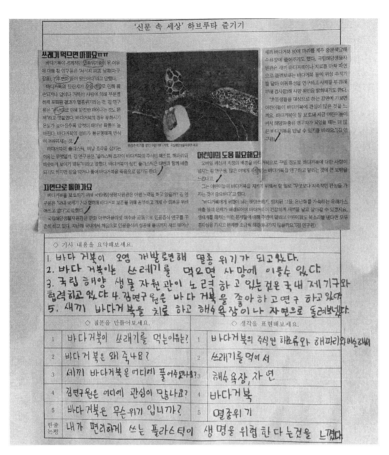

[그림 27] 시사 하브루타 학습지

수업 후기

 시사 하브루타는 현실과 가장 밀접하여 학생들이 더 재미를 느 낀다. 6학년 2학기 '3. 적절한 근거' 단원에서 재구성하여 활용하 여도 좋다. 신문을 활용한 경우 글이 너무 어렵게 쓰여 있어 이해 하기 힘든 부분도 발생한다. 하지만 자신이 선택한 주제이자 기사이기에 흥미를 가지고 끝까지 읽으려는 모습을 보였다. 글의 구성은 물론 문단 요약을 통해 글을 보는 눈이 길러지고 글을 쓰는 능력이 향상되었다. 수업에 참여한 6학년 김○○은 "신문에 이런 다양한 내용이 있는지 몰랐어요. 기사를 읽으니 제가 어떻게 살아야 하는지를 생각하게 되는 것 같아요.", 6학년 곽○○은 "하브루타는 늘 짝이 있어야 된다 생각했는데 혼자 하는 것도 재미있어요. 이젠 책을 보면서도 할 수 있을 것 같아요."라고 했다.

3 수업 방법별 하브루타

숲을 보는 '단원 도입 하브루타'

"호기심으로 시작한 수업은 재미와 의미가 있다."

교과마다 단원 도입에 관한 차시가 교육과정에 제시되어있다. 첫 단추를 끼우는 것이 중요하듯 단원의 도입이 중요하다. 학교의 다양한 교육과정 운영에 따라 단원 도입을 재구성하여 운영한다.

저학년은 교과 간의 경계를 뛰어넘는 통합교과로 수업을 한다. 중학년부터는 분과적이고 독립적인 교과 개념이 확실해진다. 각 교과의 특성에 맞는 뇌를 깨우기 위한 좋은 방법이 스스로 질문이다. 단원을 도입함에 있어 호기심을 가지고 배움을 추구하는 것은 학습 효과도 다르게 나타난다. 하브루타 단원 도입을 하면 자신과 친구들이 만든 많은 질문 속에서 동기 유발이 자연스럽게 된다. 관심이 없던 학생들의 흥미도 끌 수 있는 좋은 계기를 마련해준다. 또한, 이 단원에는 무엇을 배우고 어떤 것을 공부하는지 머릿속에 큰 그림을 그리게 되어 학습 집중에도 도움을 준다.

방법

① 단원 차례에 적힌 문장이나 그림, 단어들을 살펴본다.

② 궁금하거나 모르는 단어에 동그라미를 표시한다.

③ 단원명을 가운데 적어 표시된 단어들로 마인드맵을 완성한다.

④ 마인드맵과 그림을 보며 질문을 만든다.

⑤ 짝에게 만든 질문 하나를 읽어준다.

⑥ 질문을 들은 짝은 "왜 그것이 궁금해요?"라는 질문을 던진다.

⑦ 질문을 받은 학생은 궁금한 이유를 설명한다.

⑧ 만든 질문들로 위 과정을 반복하여 마무리한다.

⑨ 단원 도입 질문에서 가장 궁금한 질문 베스트 3을 선택한다.

⑩ 단원 앞에 학습지를 붙여놓는다.

⑪ 마인드맵과 그림을 보며 포스트잇에 질문을 적는다.

⑫ 포스트잇을 칠판에 붙인다.

⑬ 비슷한 질문끼리 유목화한다.

⑭ 교사는 단원의 성취기준과 연계하여 차시 순서를 정리한다.

⑮ 한눈에 차례가 보이도록 게시하여 매 차시 보여준다.

수업 사례

6학년 2학기 과학. 2. 전기의 작용

- 전기의 작용 단원에서 무엇을 공부할지 살펴봅시다.

① 과학 교과서 '2단원. 전기의 작용' 차례를 보며 질문 만들기

교과서에 제시된 차례를 보면서 궁금하거나 단원에서 배울 중요한 낱말에 표시를 했다. 표시한 낱말을 나눠준 학습지에 마인드맵으로 완성했다. 마인드맵에 적힌 다양한 낱말을 보면서 질문 만들기를 하였다.

[그림 28] 단원 차례로 마인드맵을 만들고 질문을 만드는 장면

② 짝과 함께 하브루타 하기

자신의 질문을 짝과 함께 나누었다. 짝에게 "왜 그것이 궁금하니?"란 질문을 통해 서로의 질문을 존중하며 그 이유도 함께 공유하는 시간을 가졌다.

〈질문으로 하브루타 하기 예시〉

학생1: Q. 전기는 어떻게 만들어지는 걸까?

학생2: Q. 너는 왜 그것이 궁금하니?

학생1: A. 건물은 재료들을 알겠는데 전기는 눈에 보이지 않아서 궁금했어.

학생2: Q. 나침반과 전기는 무슨 관계가 있을까?

학생1: Q. 너는 왜 그것이 궁금하니?

학생2: A. 교과서에 전류와 나침반 바늘이 관계가 있는 것처럼 나와 있어서 궁금했어.

③ 질문 분류하기

질문들을 포스트잇에 적었다. 포스트잇의 질문을 칠판에 부착하며 자신과 비슷한 질문이 칠판에 부착되어 있으면 그 아래에 붙일 수 있도록 했다. 비슷한 질문으로 분류가 자연스럽게 되고 단원에서 배워야 할 주제에 대해 간단히 언급하며 마무리하였다.

수업 후기

함께 공부한 6학년 김○○ 학생은 "단원 도입 하브루타를 하면서 궁금했던 답을 알고 싶어 빨리 그 시간이 기다려졌어요.", 4학년 유○○ 학생은 "교과서에 적힌 차례를 보는 일도 별로 없이 수업에 참여했는데 차례를 보면서 어떤 것을 배울지 생각하는 시간이 있어 좋았어요."라는 말을 했다. 저학년 학생들은 통합교과로 배우기 때문에 단원 도입 시 자신들이 정한 주제 순서를 자연스럽게 재구성할 수 있는 기회를 얻는다. 하지만 고학년으로 올라갈수

[그림 29] 포스트잇에 질문을 적어 칠판에 부착하는 모습

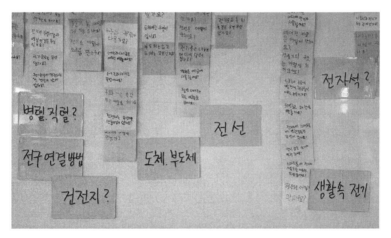

[그림 30] 질문들을 유목화한 후 정한 차시 주제를 단어로 표현

록 차례를 보는 횟수는 줄어든다. 교사가 의도하여 한 단원에 한 차시를 할애한다면 단원에서 얻고자 하는 성취기준을 좀 더 효율적으로 달성할 수 있고 무엇보다 학생들의 호기심을 자극할 수 있

다. 과학이나 사회 교과에서 좀 더 효과를 볼 수 있다.

다름으로 알아가는 '비교 하브루타'

"대상을 견주어 본질을 찾는다."

두 개의 대상을 비교하고 대조하는 비교 중심 하브루타 수업에서는 생각의 폭을 넓히는 데 유용하다. 비교 중심 하브루타 수업에서는 교과서나 교재 등에서 비교할 대상을 정한 다음에 그것에 대해 자세히 관찰, 조사하며 질문을 선정한다. 막상 비교 하브루타를 하려고 하면 떠오르는 주제가 막연할지 모르나 두 개를 동시에 봐야 하는 상황에서는 언제든 가능하다.

뇌 과학에서 안구 운동은 수업 시작하기 전에 집중력과 기억력을 향상시킨다. 숨은 그림 찾기나 틀린 그림 찾기가 이에 최적화된 놀이라고 말한다. 비교 하브루타는 2개의 그림을 놓고 비교해야 하기 때문에 자연스럽게 안구 운동을 동반하면서 집중력을 향상시킨다. 그림, 사진뿐 아니라 실물도 다룰 수 있다. 지면과 실물이 다르기에 지면만 줬을 때와 실물을 줬을 때의 반응이 다르다. 지면으로 비교 하브루타를 하더라도 실물과의 차이를 설명해 줄 필요가 있다. 비교 하브루타를 통해 분석하는 능력을 키우고 명료화시켜 각 대상의 속성을 더 깊이 알게 된다. 비교는 탐구하려는 대상에 대해 더 몰입을 요구하게 된다.

방법

① 두 개의 대상을 정한다(그림, 사진, 물체 등).

② 두 개의 대상을 비교하며 질문을 만든다.

③ 만든 질문을 바탕으로 짝 하브루타를 한다.

④ 모둠 하브루타를 한다.

⑤ 모둠에서 하브루타 한 내용을 발표한다.

⑥ 교사와 함께 쉬우르 시간을 갖는다.

수업 사례

3학년 2학기 과학. 3. 액체와 기체

• 눈금실린더로 액체의 부피를 측정해봅시다.

① 눈금실린더 관찰하며 비교 질문 만들기

100mL 눈금실린더와 200mL 눈금실린더의 공통점과 차이점을 찾아보며 질문을 적게 했다. 교사는 의도를 가지고 눈금실린더에 물을 채워 눈의 높이와 액체의 높이를 맞추었을 때와 맞추지 않았을 때의 차이도 비교하게 하여 질문을 만들도록 했다.

[그림 31] 100mL와 200mL 눈금실린더를 관찰하며 질문 만들기

☆ 눈금실린더로 액체의 부피 측정하기	
(ㄱ)	(ㄴ)

☆ 두 가지 눈금실린더의 공통점과 차이점을 살펴보고 비교 질문을 만들어 봅시다.

〈비교 하브루타 하면서 아이들이 가진 질문〉

Q1. 100mL랑 200mL는 왜 키 차이가 별로 안나나요?

Q2. 200mL는 두꺼운데 100mL는 왜 안 두껍나요?

Q3. 눈금실린더 제일 위 숫자는 무엇을 나타내나요?

Q4. 둘 다 무엇을 잴 수 있나요?

Q5. 왜 ㉠은 1씩 늘어나고 ㉡은 2씩 늘어나나요?

Q6. ㉠은 10개씩 10개 있고, ㉡은 20씩 10개 있나요?

Q7. 둘 다 유리로 되어있나요?

Q8. 왜 200mL 눈금실린더는 유리가 두꺼운데 100mL 눈금실린더는 유리가 얇나요?

Q9. 100mL 눈금실린더는 10mL당 숫자가 표시되어 있고, 200mL 눈금실린더는 20mL당 숫자가 표시되어 있나요?

Q10. 두 개의 눈금실린더는 무게가 다른가요?

Q11. 200mL는 물이 많이 들어가고 100mL는 물이 적게 들어가나요?

Q12. 왜 100mL 눈금실린더는 굵고 붉은 선이 있지만 200mL 눈금 실린더는 없나요?

Q13. 둘 다 왜 기둥 모양인가요?

Q14. 실험 관찰의 눈금실린더의 눈금 위치와 길이가 실제와 왜 다르나요?

Q15. 숫자가 눈금 양쪽에 써져있는데 어떤 숫자를 읽어야 하나요?

Q16. 왜 친구와 같은 양을 측정하는데 서로 다르게 말하나요?

Q17. 왜 물을 담았을 때 두 개의 층이 보이나요?

② 짝 하브루타하기

비교 하브루타를 하면서 2개의 눈금실린더의 공통점과 차이

점을 파악했다. 한 눈금의 크기가 다르다는 것을 비교를 통해 쉽게 파악했다. 지면의 눈금실린더와 실물의 눈금 위치와 길이가 다르다는 것도 알았다.

③ 눈금실린더에 물 98mL를 채워라!

눈금실린더의 한 눈금 크기를 정확히 알고 있는지 확인하기 위하여 미션을 수행하도록 했다.

미션	눈금실린더에 98mL를 채워라!
구분	무엇을 볼까?
배움	액체의 높이와 눈의 높이를 맞추어 정확하게 측정하는가?
	눈금실린더의 종류에 따라 한 눈금의 크기가 달라짐을 알고 측정하는가?
협력	실험기구를 소중히 다루는 태도를 가지는가?
	내가 도움이 필요할 때 친구가 그에 맞는 도움을 주었는가?

수업 후기

눈금실린더의 눈금 읽는 연습을 충분히 한 뒤 모둠별 과정 중심 평가 미션을 주었을 때 아이들은 당황해했고 정확하게 과제를 수행한 아이는 2~3명이었다. 실물을 접했을 때 그림이나 사진 자료와 차이가 있어 혼동하는 부분이 많았던 것이다. 두 개의 눈금실린더를 비교하며 질문을 적으면서 눈금실린더 눈금 읽는 방법을 충분히 익혔을 때 미션을 수행한 학생이 더 증가함을 볼 수 있었다.

비교 하브루타를 잘 활용할 수 있는 교과는 무엇일까? 두 작품을 비교하는 미술 교과, 옛날과 오늘날 모습을 비교하는 사회 교과, 오염된 바다와 깨끗한 바다 사진을 비교하는 환경교육 등이 있다. 막상 비교 하브루타를 하려고 하면 떠오르는 주제가 막연할 지도 모르나 비교라는 단어에서 말하듯 두 개를 동시에 봐야 하는 상황에서는 언제든 가능했다.

질문으로 접근하는 '자료 해석'[30]

"질문으로 자료를 읽는다."

시각화 데이터를 이용하여 한눈에 파악하도록 하는 데이터 아트는 기업에서 많이 사용된다. 글보다 이해하기가 쉽고 기억에 오래 남는 장점이 있다. 교과서의 자료 해석은 데이터아트의 기본으로 간주될 수 있다.

정보와 의미가 담긴 표, 그래프, 지도가 사회교과서에 실려 있다. 하지만 학생들은 해석 방법을 몰라 무심히 넘어가는, 안타까운 모습을 보였다.

3단계의 자료 해석 질문 활동을 통해 학생들은 자료 읽는 방법을 탐구하고 자료 속 정보를 파악하고 정보 너머의 배움을 얻게 된다. 자료를 볼 줄 알게 되면 수학, 사회, 과학 교과를 공부할 때 도움이 된다. 시각적 이미지를 통해 많은 정보를 추출함으로써 관찰력, 깊이 탐구하는 능력, 혼자서 자료를 읽어낼 수 있는 능력을 신장시킬 수 있다.

방법

① 자료를 읽는 방법에 대한 질문을 한다. 자료를 구성하고 있는 점, 선, 색깔, 가로축 등의 요소가 의미하는 바를 물어본다.

　　예) 무엇에 관한 그래프입니까?

　　　　빨간 선과 초록 선은 무엇을 뜻하는가?

　　　　색은 무엇을 뜻하나요?

② 자료를 통해 얻을 수 있는 단순한 정보, 파악할 수 있는 원리, 규칙 등에 대한 질문을 한다.

　　예) 발해의 5경은?

　　　　발해의 교통로는?

③ 알게 된 내용에 대해서 더 깊이 사고할 수 있는 질문, 자료를 통해 알 수 없는 내용에 대해 궁금한 것을 질문하도록 한다.

　　예) 당으로부터는 비단, 서적, 문구류를 수입했는데 일본으로부터 비단, 포, 황금, 수은을 수입한 이유는?

수업 사례

5학년 2학기 사회. 1. 우리 역사의 시작과 발전

• 발해의 발전 모습을 알아봅시다.

① 발해의 건국 과정과 발전 과정 이야기

　　교과서의 줄글을 함께 읽으며 짝과 함께 질문과 답을 주고받았다. 교과서 지도를 보면서 발해의 건국과 발전 과정에 대해 짝과 함께 서로 이야기 나누었다.

② 발해의 교류 활동 살펴보기

　　사회과부도 역사지도와 교과서 사진을 동시에 보면서 질문을 만들었다. 각자 만든 질문 중 각자의 생생 질문을 선정하여 모둠원과 이야기를 나누었다. 역사에 대한 다양한 시각을 공유했다.

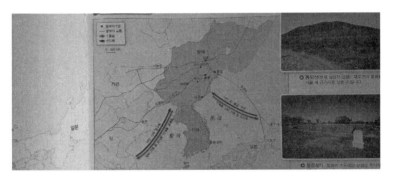

[그림32] 발해의 교통로

③ 발해의 역사적 의미 생각해보기

　　중국의 동북공정 자료를 보고 발해사에 대한 중국의 주장에 대해 반박할 근거를 찾았다. 발해는 어느 나라의 역사일지에 대해 생각해보았다.

〈자료 해석 3단계〉

단계	질문
1단계. 자료 읽기	예) 빨간 선과 초록 선은 무엇을 뜻하는가?
2단계. 자료 이해	예) 발해의 5경은?
3단계. 자료 해석	예) 담비 가죽, 약재품이 발해의 대표적인 수출품인 이유는?

수업 후기

특히 사회과에서 역사 자료를 집중해서 보기를 어려워하는 학생들이 하브루타로 자료 해석 시간이 짧아졌고 거부감이 사라졌다. 5학년 김○○ 학생은 "지도를 보면 그냥 보기만 했었는데 하나하나에 의미가 담겨있다는 것을 알고 나니 자료 해석이 재미있어요.", 박○○ 학생은 "지도를 보고 질문을 만드는 것은 처음이에요. 질문으로 지도에 담긴 것을 더 많이 알게 된 것 같아요."라고 말했다. 학생들의 적극적인 반응에 자료 해석을 단순한 설명이 아닌 하브루타 방법으로 한 것이 흐뭇했다.

자료 해석 결과를 바로 도출하는 것이 아니라 질문을 통해 마음 편하게 접근한 뒤 하브루타를 통해 안내해 주어서 수업에 잘 활용하게 되었다. 다양한 형식의 자료에서 정보를 보는 것만으로 생각을 멈추지 않고 질문에서 질문으로 꼬리를 물고 일어나는 생각을 통해 자료의 의미를 나누도록 한다. 익숙해지면 정보를 담은 시각적 자료를 학생 스스로 만들어보도록 하면 좋다.

〈자료 해석 3단계〉

5학년 2학기 1-4단원 삼국 통일과 발해의 건국	
	( )초등학교 5학년 ( )반 ( )
(가)	(나)

☆ 위 지도를 보고 비교 질문을 만들어 봅시다.

Q1	
Q2	
Q3	
Q4	
Q5	
Q6	
Q7	
Q8	
Q9	
Q10	
알게 된점	

논리를 세워가는 '논쟁 중심 하브루타'[31]

"하브루타의 가장 수준 높은 단계는 논쟁이다."

"선생님, 토론 빨리 해요. 기대 돼요."

아이들은 활기 있는 토론을 기대하며 공부하는 내내 실제 토론 활동으로 빨리 넘어가자고 조른다. 하지만 막상 토론 과정에 들어가면 조사해온 근거 자료는 무용지물이 되거나 무임승차하는 경우가 있다. 토론의 절차와 단계별 발언 방법을 복잡하게 느끼고 있기 때문이다.

논쟁 중심 하브루타 수업은 논쟁할 논제나 이슈를 정한 다음에 그 논제를 중심으로 짝 토론과 모둠 토론을 진행하는 방법이다. 전성수는 《최고의 공부법》에서 논쟁 중심 하브루타는 복잡한 형식과 절차에 얽매이지 않고 논쟁에 더 중점을 두며 결론을 내리지 않는다고 했다. 조사한 자료와 근거를 바탕으로 짝을 지어 주장과 질문, 대답, 반박을 주고받는 활동이 주가 된다. 짝과 질문하고 반박하는 과정, 입장 바꿔보는 활동을 통해 근거들을 논리적이고 체계적으로 다듬을 수 있다. 학생들이 발언할 기회가 더 많아 대화 점유율이 높아지기 때문이다. 논쟁 중심 하브루타 수업 후 교과서 방법의 토론을 진행한다면 전원이 참여하는 생동감 있고 활기 있는 토론이 전개될 것이다.

방법

① 학생들이 주변에서 발생하는 문제 상황을 떠올려보고 스스
  로 논제를 정한다.

② 논제에 대해 짝끼리 찬성과 반대 입장을 정한다.

③ 근거를 뒷받침하기 위해 사용할 수 있는 근거를 인터넷, 신
  문, 면담, 설문, 관련 도서 등을 통해 조사한다.

④ 입장에 따라 조사한 내용을 바탕으로 짝과 1:1 논쟁을 한다.

⑤ 서로 입장을 바꾸어 다시 짝과 1:1 논쟁을 한다.

⑥ 둘이서 짝팀이 되어 찬성과 반대 중 하나로 입장을 정한다.

⑦ 모둠 내에서 짝팀 입장에 따라 2:2 논쟁을 한다.

⑧ 모둠별로 하나의 입장을 정한다.

⑨ 찬성과 반대의 입장을 정했다면 근거들을 정리한다.

⑩ 정리한 내용을 바탕으로 각 모둠의 입장과 근거를 발표한다.

⑪ 교사와의 쉬우르를 통해 학생들의 사고를 자극하고, 학생들
  이 논쟁에서 빠트린 부분을 짚어준다.

수업 사례

5학년 2학기 국어. 3. 토론을 해요

• 우리가 정한 논제에 대해 논쟁 중심 하브루타를 즐겨봅시다.

① 짝 논쟁하기

　　주변에서 발생하는 문제 상황 중에서 논제를 정했다. 짝끼리 찬성과 반대 입장을 정한 뒤 인터넷, 신문 기사, 면담, 설문, 도서 등을 통해 조사했다. 여러 자료를 통해 자기 입장에 대한 근거를 명확하게 정리하였다. 짝과 찬성, 반대의 입장을 정했다면 조사한 내용을 바탕으로 1:1 논쟁을 진행하였다. 주장과 질문, 대답, 반박을 주고받았다. 한 사람이 먼저 자기 주장을 제시하면 반대편에서 그것에 대해 질문하는 방식으로 진행했다. 일정 시간이 지나면 찬성과 반대 입장을 바꿨다. 찬성과 반대 양측의 입장이 되어보는 것이 중요하다. 논쟁이 어느 정도 마무리되면 짝팀의 입장을 정하고, 그 주장에 따른 근거들을 다듬었다.

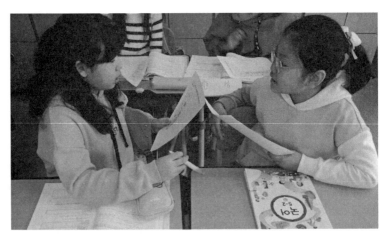

[그림 33] 짝과 1:1 논쟁하는 모습

② 모둠 논쟁하기

짝 논쟁을 통해 정한 입장을 바탕으로 모둠 내에서 2:2로 자유롭게 논쟁한다. 어느 근거가 더 타당한지 질문과 반박, 논쟁을 통해 정리한다. 어느 정도 논쟁이 진행되면 그 모둠의 입장을 정한다. 논제에 대한 입장, 논쟁한 내용, 뒷받침하는 내용 및 근거를 간략하게 요약 정리하여 발표를 준비한다.

[그림 34] 모둠 내에서 짝팀 입장으로 2:2 논쟁하는 모습

③ 발표 및 쉬우르

모둠별로 논쟁에 대한 입장을 정하고 그 근거가 되는 내용들을 요약하여 발표했다. 자신의 모둠과 근거나 의견이 다른 경우 질문을 주고받았다. 질문을 통해 학생들의 사고를 자극하고, 논쟁에서 빠트린 부분을 짚어주었다. 학생들이 논쟁한

[그림 35] 모둠 입장 발표

내용과 해결하지 못한 것들을 듣고, 그것에 대해 다시 질문하여 자유롭게 생각한 것을 이야기하도록 이끌었다.

수업 후기

"초등학생의 스마트폰 사용은 금지되어야 한다."라는 똑같은 주제로 논쟁 중심 하브루타 수업과 교과서 토론 수업을 했다. 두 수업에 대해 학생들의 비교 소감을 들어보았다. 5학년 이○○ 학생은 "하브루타는 돌아가면서 이야기하니 토론 내내 말을 많이 하게 되어 좋았어요. 계속 짝과 말을 하니까 이야깃거리가 더 많이 생겼어요. 교과서에서 나왔던 토론 방법으로 할 때는 원하는 사람만 발표했던 것 같아요." 조○○ 학생은 "교과서 토론 방법은 바로 반론하고 싶은데 절차가 있어서 바로 이야기하지 못해서 아쉬웠어요.

하브루타 토론은 말하고 싶을 때 말해서 좋았구요."라고 말했다.

학생들의 비교 소감을 들어보니 공통적으로 세 가지 기준을 이야기했다. 첫째는 '말을 많이 하느냐? 적게 하느냐?', 둘째는 절차의 복잡성과 한계, 셋째는 승패의 여부였다.

교과서에서 제시된 토론 방법에서는, 하브루타에 없는 판정단이 토론 참여자들의 의견을 듣고 판정하는 것이 색다르게 느껴졌다고 한다. 반면, 논쟁 중심 하브루타 수업은 서로 말을 주고받는 기회가 많아서 더 재미있고, 승패가 없어서 부담이 없어 좋았다고 했다.

실력을 키우는 '문제 만들기'

"문제 만들기는 문제를 파악하는 안목을 갖추게 한다."

하브루타 수업은 학생의 활동이 수업의 중심이 된다. 비판적 사고력, 소통 능력, 협업 능력, 창의성을 기르는 수업으로 배움이 일어나는데 일제식 평가를 하는 것은 적절하지 않다. 수업 시간에 일어난 활동으로 학생들을 평가하기 위해 과정 중심 평가가 도입된 것도 학생 성장에 관한 피드백이다.

아이들이 시험 문제를 만들면서 도달할 성취목표를 분명히 알게 된다. 그리고 학생 주도로 만든 평가지를 통해 성취 도달도를 확인하는데, 그러한 과정을 다 관찰할 수 있도록 평가 도구의 질을 높인다. 학생들의 언어로 표현하여 자신의 성장을 확인하는 데 의미가 있다.

문제 만들기는 학생들이 공부한 내용 범위에서 문제를 만들고 짝, 모둠과 함께 다듬고 질문을 선정해가는 과정을 통해 무엇이 중요한지 더 잘 알 수 있게 한다. 준비 사항은 종이 한 장이면 된다. 문제 만들기를 함으로써 즐겁게 능동적으로 세밀한 것을 더 확실하게 눈여겨보면서 동시에 나무보다 숲을 보는 능력도 기를 수 있다. 단원 마무리 활동으로, 혹은 과정 중심 평가로 연계해도 좋다.

방법
① 출제 범위를 안내한다.
② 다양한 문제 종류(객관식, OX형, 단답형 주관식, 서술형 등)를 제시한다.
③ 각자 문제를 만든다.
④ 짝 하브루타로 문제를 만든 이유를 이야기하며 문제를 수정 보완한다.
⑤ 모둠별로 난도(상중하) 조건을 충족하는 좋은 문제를 선택한다.
⑥ 선택한 문제를 정리하여 모둠별 평가지를 제출한다.
⑦ 학생들이 제출한 평가지에서 교사는 중복된 것을 제외하여 평가지를 완성한다.

⑧ 평가지를 풀고 채점한다(평가지를 모둠별로 교환하여 풀어 보는 방법으로 진행하여도 좋다).

⑨ 문제의 의도를 발표하며 좋았던 점, 보완할 점을 함께 이야기 한다.

수업 사례

5학년 2학기 국어. 8. 언어 예절과 됨됨이

• 공부한 내용을 바탕으로 문제를 만들어봅시다.

① 8단원 전체 복습하며 각자 문제 만들기

출제 범위를 제시하고 그 부분을 복습하면서 중요한 내용에 관해 문제를 학생들 각자 만들었다. 오지선다형, OX형, 단 답형 주관식, 서술형 등의 문제 유형을 학생들에게 설명하고 문제를 만들도록 했다. 출제 의도를 정리하여 발표할 것임을 안내했다.

② 짝, 모둠 토론하며 문제 다듬기

짝 하브루타로 문제의 의도를 설명하고 서로 풀어보며 어색 한 부분을 다듬어 더 좋은 문제로 수정 보완했다. 난도 수준 이 적절한지 생각해 보도록 했다. 모둠 하브루타에서 난도상 1개, 중 2개, 하 2개로 5문제를 선정했다. 선택한 문제를 정 리하여 모둠별 평가지를 제출했다.

	국어: 8. 언어예절과 됨됨이	
	8단원에서 공부한 내용을 바탕으로 문제를 만들어봅시다.	
1	가장 적절하게 사용할 수 있을 것 같은 말을 고르시오♡	① 존* ② 씨* ③ 고마워 ④ 개*끼 ⑤ 병*
2	보기 고운, 어법, 존중, 의사소통 품위있는 말이란 □에 맞는 아름답고 □말이다. 자신과 남을 □하여 바르게 □해 위하여 품위 있는 말을 사용하여야 한다.	어법 : 고운 존중, 의사소통
3	배의 뜻을 3가지 쓰시오.	사람 배, 먹는 배, 타는 배
4	뜻이 서로 다른데 글자만 같은 낱말은 □ 두가지 이상의 뜻을 가진 한 낱말은 □	동형어 다의어
5	위 그래프를 보고 알 수 있는 점을 2가지 쓰시오. 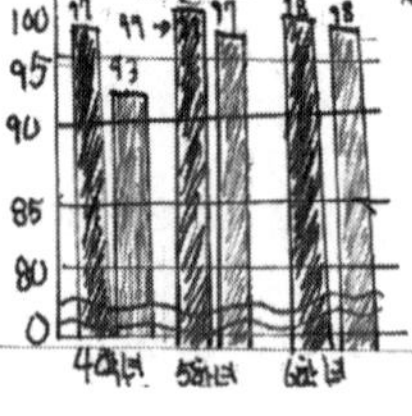 ■남 ■여	5학년 남학생이 비속어를 가장 많이 쓴다. 4학년 여학생이 비속어를 가장 적게 쓴다. 등

[그림 36] 각자 만든 학습지

[그림 37] 모둠 토론을 통해 문제 다듬기

③ 모둠 선정 문제들을 모아 하나의 시험지로 만들어 풀기

중복된 문제를 제외하여 평가지를 완성했다. 평가지를 풀면서 자신이 잘 몰랐던 것을 확인하며 오개념을 수정하였다. 평가지를 모둠별로 교환하여 풀어보았다. 문제의 의도를 발표하며 좋았던 점, 보완할 점을 함께 이야기하였다.

	국어: 8. 언어예절과 됨됨이

(1)모둠

8단원에서 공부한 내용을 바탕으로 만든 문제들을 살펴보고 모둠 문제를 선정하여 정리해봅시다.(상1문제, 중2문제, 하2문제)

1	Q. 동형어의 뜻을 고르시오 ( ) ① 뜻이 서로 다른데 글자만 같은 낱말. ② 동생과 형이 쓰는 언어 ③ 품위없이 천한 말 ④ 여러 뜻이 있는 말 ⑤ 심심 할때 쓰는말. (하)
2	Q. ▢ 안에 알맞은 단어는?( ) (언어 예절을 지키려면 ▢과/와 ▢ 에 맞는 말을 쓴다.) ① 엄마, 아빠 ② 주제, 내용 ③ 문법, 어법 ④ 대상, 상황 ⑤ 미차, 쓰발 ⑥ 전하려는 말, 언어예절(하)
3	Q. 낱말의 뜻을 파악하는 방법을 선택하시오 ( ) ① 주제를 살펴본다. ② 국어사전을 찾아 본다. ③ 어른들 한데 여쭈어 본다. ④ 한자를 이용하여 풀이해 본다.(중)
4	Q. 동형어와 다의어의 차이점을 적으시오. (중)
5	Q. '배'라는 낱말이 왜 동형어 인지 쓰시오. (상)

[그림 38] 모둠에서 만든 평가지

수업 후기

수학익힘책이나 수학 교과서의 문제들을 보고 숫자를 바꿔보는 것부터 시작했다. 어떤 학생은 쉽게 문제를 만들었지만 문제를 출제한 본인도 그 문제에 답하기 어려웠다고 했다. 서술형 문제가 그러했다. 단원의 내용을 고루 다룬 문제를 구성하여 평가지를 만든 학생도 있지만, 한 특정 부분에서만 여러 가지 문제를 출제한 학생도 있었다. 문제를 출제한 입장과 풀이하는 입장은 아주 달랐다. 다양한 문제 유형을 생각하느라 출제하면서 학생들은 공부한 내용에 대해 더 고민하게 되고, 더 깊이 살펴보게 되었다. 짝과 문제를 다듬으면서 미처 발견하지 못한 부분을 알게 되었다고 한다. 시험 문제를 만들면서 배움이 일어나는 것이다.

문제를 출제하고 풀어보는 과정을 여러 번 하면 교사가 짚어주지 않아도 점차 좋은 문제를 만들고 고르는 힘이 길러진다. 그래프를 넣어 문제를 만들었을 때의 장단점에 대해 이야기해보고 좋은 문제를 만들 때 고려할 점에 대해 이야기해보면 문제 만들기가 정교해진다.

문제만 풀어보았는데 내가 낸 문제를 친구들이 푸는 것을 보니 재미있었어요.
문제를 만들면서 내가 모르는 것도 정확히 알게 되어서 좋았어요.
　　　　　　　　　　　　　　　　　　　　　−학생들의 소감 중에서

교학상장(敎學相長) '친구 가르치기: 설명 I'

"아는 것만 말할 수 있다."

학생들은 수업을 잘 듣고 있는 것처럼 보이지만 지루해하거나 멍해 있는 경우가 있다. 그런데 이 내용을 친구에게 설명해야 한다는 생각으로 수업에 참여하다 보면 긴장감을 가지고 하나라도 더 들으려고 노력하는 모습을 보인다. 어려운 내용을 지도할 때 학생들을 집중시킬 수 있으며 학생들 또한 지루해지지 않도록 하는 방법이다.

설명을 한다는 것은 문제에 대한 이해를 전제로 한다. 경청과 이해가 중요하다고는 하나 다시 설명해보라고 하면 쉽게 말을 꺼내지 못하는 경우가 대부분이다. 자신이 이해한 내용을 통해 스스로 재조직하는 과정이 필요하다. 이런 재조직 과정은 생각하는 힘을 길러줄 뿐만 아니라 직접 설명함으로써 지식을 구조화한다.

설명하기 하브루타는, 학생들이 수업에 능동적으로 참여하게 하고, 이런 설명의 경험이 쌓여 논리적으로 말하는 능력 또한 향상되며, 학생들도 메타인지를 얻게 한다. 친구가 가르치는 내용을 듣고 재질문을 하면서 일어나는 배움이 크다.

방법

① 자신이 설명할 부분을 읽는다.

② 상대방의 질문을 예상하고 답변이 될 수 있는 단어에 체크
한다.

③ A가 설명을 하면, 듣는 학생 B는 자신이 궁금한 질문을 한다.

④ 질문에 답하며 하브루타를 한다.

⑤ 역할을 바꾸어 위 과정을 반복한다.

수업 사례

6학년 1학기 사회. 3. 대한민국 발전과 오늘의 우리

• 대한민국 정부 수립 과정에 대해 설명해봅시다.

① 스토리 빙고를 통해 대한민국 정부 수립 과정 알기

교과서를 읽으면서 대한민국 정부 수립 과정을 설명하기에
중요한 낱말 8개를 표시했다. 낱말을 1×8 종이에 기록하여
스토리 빙고를 진행했다. 빙고 게임이 끝나면 교사는 대한민
국 정부 수립 과정에 필요한 중요 낱말을 말하고 그 단어를
적은 친구들에게 보너스 점수를 주어 승패를 정했다.

② 짝과 함께 낱말로 대한민국 정부 수립 과정 설명하기

스토리 빙고에서 나온 낱말로 대한민국 정부 수립 과정을 짝
에게 설명했다. 설명을 듣는 짝은 자신이 궁금하거나 모르는

[그림 39] 자신이 선택한 낱말로 설명하기

[그림 40] 서로 낱말을 합쳐 보는 장면

것을 질문하고 설명한 친구는 답변을 하도록 했다. 모르는 경우 "너는 어떻게 생각하니?"란 질문으로 대신했다. 역할을 바꾸어 다시 한 번 했다. 각자 한 번씩 설명을 한 후 두 사람의 빙고 종이 16장을 모아 대한민국 정부 수립 과정에 맞게 다시 한 번 나열했다.

③ 대한민국 정부 수립 과정 모둠 발표

모둠원이 모여 이야기를 통해 스토리 빙고에 사용된 낱말들 중 10가지를 골라 미니 화이트보드에 적었다. 미니 화이트보드를 칠판에 부착한 후 모둠별로 발표를 했다. 발표 도중 낱말의 위치를 바꾸기도 했다. 발표가 끝나면 다른 모둠원은 질문을 할 수 있고 발표 모둠원은 답변을 준비하여 질문에 대비하였다. 질문을 한 모둠도 답변을 하는 모둠도 모두 도움이 되는 수업이었다. 스마트기기를 이용해서 답변을 했다.

[그림 41] 칠판에 미니 화이트보드 붙이는 장면

[그림 42] 발표하는 장면

수업 후기

여러 번의 설명 과정을 통해 대부분 학생들은 대한민국 정부 수립 과정을 이해했다. 처음 들어보는 용어도 있고 재미없는 내용일 수 있었지만 역사에 관심 없는 친구들도 설명할 수 있게 되었다. 스토리 빙고를 통해 키워드를 중심으로 짝끼리 설명하는 것은 두 번째 친구 가르치기인 셈이다. 학생들이 빙고 칸에 단어를 적을 때 한 번 더 내용을 살펴보고 구조화가 잘되어 즐겁게 설명하는 모습을 보았다.

수업에 참여한 6학년 장○○은 "모둠원이 모여 10개 낱말을 고르면서 이야기할 때 가장 기억에 남고 좋았어요."라고 했다. ②~③에 모두 설명하기가 있고 친구와 대화하는 것이 좋았다는 의견이 대부분이었다. 설명하는 과정에서 이해하지 못한 것까지 이해할 수 있고 설명을 통해 지식이 구체화되어 더 정확해진다. '가르치는 자와 배우는 자는 서로를 키운다'는 것이 설명하기 하브루타이다.

효학반(斅學半) '친구 가르치기: 설명 Ⅱ'

"소외되는 학생 없이 배움이 일어난다."

과정 중심 평가에서도 하브루타를 활용할 수 있다. 과정 중심 평가에서는 학습 과정 그 자체에 초점을 두기 때문에 아이들 스스로 문제를 해결하는 과정이 중요하다. 친구 가르치기는 학습내용을 두 명이 짝을 지어 서로 설명하고 가르치는 방법이다. 친구가 궁금해하는 부분을 잘 가르치기 위해서 문제에 대한 스스로의 이해가 중요하다. 문제를 정확히 이해하고 풀면서 궁금한 점은 친구에게 물어볼 수 있다. 직접적인 설명이 아닌 알고리즘을 가르쳐주는 방법은 스스로 해결할 수 있는 발판을 마련해준다. 사고의 발달이 비슷한 또래에게 듣는 설명은 더 효과적이다.

수학 교과서의 마무리 문제, 수학익힘책에서 학생들이 풀기 어려워하는 문제들을 선정하여 학습지를 준비하면 좋다. 과정 중심 평가에 활용하고 학생들의 오개념을 파악할 수 있다.

친구 가르치기를 통해 학습목표 도달뿐 아니라 학생 개개인의 역량에 따라 더 다양한 배움을 기대할 수 있고 친구 관계가 좋아질 수 있다.

방법

① 2×2칸에 1~4번의 수학 문제를 적어둔다(상, 중, 하로 문제를 제시해도 좋다).

② 모둠원은 좌석에 따라 1~4번 중 자신에 해당하는 한 문제를 푼다.

③ 문제를 풀다가 모르면 자신의 문제는 제외하고 다른 문제를 친구에게 물어본다.

④ 질문을 받은 친구는 문제를 설명하나 답은 알려주지 않는다.

⑤ 모둠 모두가 문제를 풀면 마무리한다.

⑥ 진행 상황을 보면서 직접적 도움이 필요할 경우 본인의 어려운 문제에 대한 설명을 직접 들을 기회를 준다.

⑦ 빨리 해결한 모둠에게는 일부러 틀렸다고 말을 해서 다시 풀어보도록 유도한다.

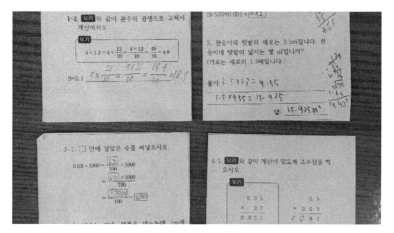

[그림 43] A4 한 장의 문제를 4등분하여 1~4번으로 나눠진 학습지

수업 사례

5학년 2학기 수학. 1. 소수의 곱셈

• 소수의 곱셈 문제를 해결해봅시다.

① 교사가 설명하기

교사는 학생이 배워야 할 핵심 개념과 연산 과정을 설명했
다. 수학 교과서와 수학익힘책의 문제 일부를 풀이하는 과정
을 보여주었다. 이해도를 파악하며 보충 설명했다.

② 학습지 풀기

A4 용지에 4문제를 제시하고 4등분하여 모둠 내에서 한 문
제씩 나눠 갖도록 하였다. 학생들은 자신에게 해당하는 한
문제를 개별적으로 풀었다. 문제를 풀다가 모르면 자신의 문

제를 제외한 다른 문제의 풀이 방법을 친구에게 물어보도록 하였다. 질문을 받은 학생은 문제를 설명하나 답까지 알려주어서는 안 된다는 규칙을 안내했다.

[그림 44] 각자 자신에게 해당하는 문제를 풀고 있는 모습

[그림 45] 다른 문제의 친구에게 물어보고 설명해주는 모습

③ 소감 나누기

　　배움이 잘 이루어졌는지 확인하고 오개념을 수정하도록 했
　　다. 어떤 친구에게 도움을 받아서 좋았는지, 수학 공부에 도
　　움은 되었는지 이야기도 들어보도록 했다.

수업 후기

　　평소에 친구에게 관심을 두지 않은 백○○ 학생은 모둠 과제를
해결해야 하는 제한적 상황과 친구의 요청에 응할 수밖에 없었다.
더 많은 문제들을 이야기하며 풀면 좋았겠다는 아쉬움을 내비쳤
다. 친구들을 가르치면서 미소를 띤 학생도 있었고, 모르는 부분
을 친구와 해결해가며 안도감을 내비치는 학생도 있었다. 가르치
는 것과 설명하는 것은 경계가 뚜렷하지 않다. 본인의 문제를 설

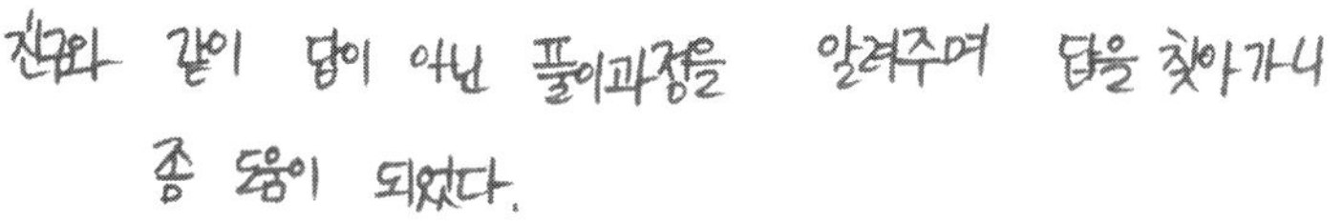

　전과 같이 답이 아닌 풀이과정을　알려주며　답을 찾아가니
　　좋 도움이 되었다.

[그림 46] 활동 후 학생 소감 (1)

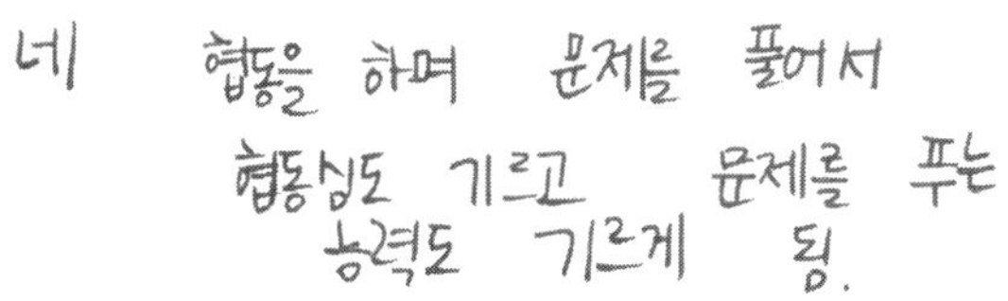

　　너　　협동을 하며　문제를 풀어서
　　　협동심도 기르고　　문제를 푸는
　　　　능력도 기르게 됨.

[그림 47] 활동 후 학생 소감 (2)

명하면서 친구에게 가르치는 효과가 되었다.

몰입과 배움의 기제로 친구 가르치기가 효과적이다. 또한 소외되는 학생이 없다. 둘이 서로 주고받으며 내용을 가르치다가 지난 시간 학습내용에 대해 헷갈려 하며 지난 수업 내용을 펼쳐 서로 질문, 답변하기도 했다. 학생 개개인의 역량에 따라 더 다양한 배움이 일어나기도 한다.

몰입과 배움이 있는 '끝장 토론'

"끝까지 가보면 알게 된다."

끝장 토론은 설명하기나 친구 가르치기와도 비슷하다. 결국, 설명을 한다는 것은 자신이 확실하게 이해하고 알고 있다는 것을 전제로 하는 것이다.

끝장 토론은 수학 교과에 활용하면 좋은데, 단원 마무리 문제를 풀고 실시했다. 자신의 생각과 친구의 생각을 나누면서 서로가 생각하는 답을 놓고 설득한다. 물론 의견이 같으면 그 다음으로 넘어갈 수 있다. 짝을 정하는 것도 쉽다. 문제를 먼저 푼 친구는 지정 장소로 나간 다음 다 푼 친구를 기다린다. 그럼 둘이 짝이 된다. 이렇게 하다 보니 수준이 비슷한 학생과 토론을 할 수 있게 된다. 비슷한 실력과 생각을 가지고 있는 친구들이 만나면 더 치열하게 토론한다. 서로의 답이 다를 경우 자신의 답이 맞음을 증명하기 위해 열심히 설명하면서 스스로 오류를 찾기도 한다. 빨리 푼 학생들과 끝장 토론이 끝난 학생들과의 시간 차이가 생길 수 있다. 이때 먼저 문제를 해결한 학생들은 아직 풀지 못한 학생을 도와 준다. 교사의 설명이나 가르침이 아닌 스스로 설명을 하면서 알아간다는 것은 자기 주도 학습의 시작이다.

방법

① 주어진 문제를 각자 푼다.

② 다 풀면 지정된 장소로 나가 다음에 나오는 학생을 기다린다 (지정된 장소는 학급 상황에 따라 다르다).

③ 짝이 이루어지면 서로의 답안을 맞춰본다.

④ 답안이 다른 경우 '자신의 답안이 맞다'는 것을 상대에게 설명한다.

⑤ 서로의 설명을 들으며 하나의 답안을 선정한다.

⑥ 합의가 된 답안을 교사에게 가지고 온다.

⑦ 교사는 채점만 해주고 틀린 문제는 둘이서 해결하도록 기회를 준다.

⑧ 서로 상의하며 문제를 다시 풀어가지고 온다.

⑨ 정답을 맞히고 왜 그렇게 되었는지 교사에게 설명한다.

⑩ 함께한 짝에게 "오늘 즐거웠어"란 인사를 한다.

⑪ 끝장 토론이 끝난 친구들은 꼬마 선생님 역할을 하며 다른 친구들의 학습을 도와준다.

⑫ 짝이 된 친구와 꼬마 선생님의 미덕을 찾아 말한다.

수업 사례

6학년 2학기 수학. 3. 원기둥, 원뿔, 구

• 8차시: 공부를 잘했는지 알아봅시다.

① 교과서 문제 풀기

단원을 마무리하는 '공부를 잘했는지 알아봅시다.' 부분의 문제를 각자 풀었다. 문제를 다 푼 친구는 뒤로 나가 다음에 나올 친구를 기다렸다. 첫 번째, 두 번째로 문제를 푼 두 친구가 짝이 되어 답안을 맞춰보았다.

② 끝장 토론 진행하기

학생들은 답안을 맞춰보고 모두 같은 답을 쓰게 되면 교사에게 가지고 왔다. 다른 답을 쓴 경우에는 서로에게 풀이 과정을 설명하여 답안을 통일하도록 했다. 자신의 풀이 과정과 다른 경우나 친구의 설명이 이해되지 않은 부분은 끝까지 토론하여 해결하도록 하였다. 설명을 하거나 질문을 하면서 자신이 미처 생각하지 못한 풀이 방법을 찾아내기도 했다. 교

[그림 48] 짝 기다리는 모습

[그림 49] 문제 맞춰보기

사는 채점을 해줬다. 정답이 틀린 경우 두 친구는 기존의 자리로 돌아가 둘이서 상의하여 문제를 다시 풀어왔다. 이번에는 교사에게 풀이 과정을 설명하게 했다. 어느 부분에서 학

[그림 50] 채점을 한 후 다시 토론하며 문제를 푸는 장면

[그림 51] 끝장 토론 모습

생들이 혼란스러워했는지 파악할 수 있었다.

③ 꼬마 선생님 되기

끝장 토론과 교사의 검토가 끝난 학생들은 '꼬마 선생님'이 되도록 하였다. 문제 해결이 어려운 학생들은 꼬마 선생님의 도움을 받았다. 친구가 어느 부분을 이해하지 못하고 있는지를 파악하여 그 부분을 설명해주도록 안내했다. 친구는 자신의 짝과 '꼬마 선생님'의 이러한 미덕을 칭찬해주었다.

[그림 52] 꼬마 선생님이 되어 친구에게 설명하는 모습

수업 후기

비슷한 수준의 학생과 짝이 되어 서로의 답안을 맞추다 보면 비고츠키가 말하는 근접발달영역이 형성되어 보다 쉬운 '아하' 경험을 갖게 되었다. 외적으로는 설득하고 경쟁하는 상황에 놓인 것 같으나 내적으로는 문제를 함께 해결해 가는 협력의 장을 마련하려는 교사의 의도적인 장치였다.

꼬마 선생님의 미덕을 찾아주는 시간을 통해 학생들은 더욱 친절하고 배려하는 태도로 설명하였다. 서로 존중하는 모습을 보며 관계도 좋아졌다. 자신의 짝이 되어준 학생에게 고마움을 표현하는 시간을 가졌다.

수업에 참여한 3학년 나○○은 "친구랑 이야기하다 보니 다른 방법이 떠올랐어요. 너무 신기해요.", 6학년 김○○은 "친구가 친절하게 말해주니 기분이 좋아요. 또, 내가 모르는 부분을 알려주니 쉽고 혼자 풀었다는 느낌이 좋아요."라고 했다. 끝장 토론의 묘미는 끝까지 가서 함께하면 알게 되는 의미 있는 앎이다.

배움 너머 성장하는 '단원 정리 하브루타'

"메타인지가 활성화된다."

교과마다 단원 정리가 한 차시 정도 구성되어 있다. 단원 마무리에 제시된 문제를 풀거나 정리된 내용을 한 번 검토하는 시간으로 활용했었다. 요즘 과정 중심 평가가 대두되면서 단원 마무리에 대한 나의 생각이 달라지기 시작했다.

학생들에게 차시마다 알게 된 점을 한 줄 또는 중요 단어로 적도록 했다. 알게 된 점과 중요 단어들을 보며 한 단원 내용에 대해 짝에게 설명한다. 설명을 한다는 것은 자신이 아는 것과 모르는 것을 구분하는 방법이기도 하다. 설명이 끝나면 별도의 학습지에 적고 질문을 만든다. 이때의 질문은 문제 만들기를 활용한 것이다.

자신이 만든 질문을 친구와 공유하고 교과서를 다시 확인하며 배운 내용을 구조화할 수 있다. 비주얼 씽킹(Visual Thinking)을 활용하여 단원 정리를 시각화함으로써 정보를 한눈에 볼 수 있다. 또한, 글과 그림을 함께 이용해서 생각을 정리하여 시간과 비용을 절감을 할 수 있다.

방법

① 매 차시에 적힌 문장이나 그림, 단어들을 살펴본다.

② 단원명을 가운데 적어 차시별로 적은 문장과 단어들로 마인드맵을 완성한다.

③ 마인드맵을 보면서 짝에게 이 단원에서 배운 내용을 설명한다.

④ 짝과 바꿔 설명한다.

⑤ 마인드맵을 보며 사실 질문을 만든다.

⑥ 만든 질문 하나를 짝에게 읽어준다.

⑦ 짝은 교과서나 노트를 참고하여 그 답을 설명한다.

⑧ 짝을 바꿔 다시 진행한다.

⑨ 짝과 함께 자신들이 만든 질문들을 조합하여 3개의 질문을 만든다.

⑩ 교사는 질문들을 수합하여 통에 넣는다.

⑪ 제비뽑기 질문 놀이로 단원 정리 문제를 제시한다.

⑫ 문제에 해당하는 답이 어느 부분에 있는지 체크한다.

⑬ 비주얼 씽킹(Visual Thinking)으로 단원 정리 학습지를 완성한다.

수업 사례

5학년 2학기 실과 4. 나의 균형 잡힌 식생활

• 나의 균형 잡힌 식생활 단원을 정리하여 봅시다.

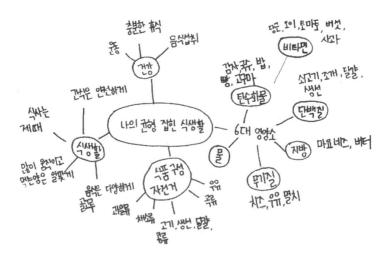

[그림 53] 단원 정리 마인드맵 학생 작품

① 마인드맵 완성하여 설명하기

차시마다 적어둔 중요 문장, 그림, 단어들을 살펴보면서 단원의 내용을 상기했다. A4 용지 한가운데 단원명을 적고 마인드맵을 완성했다. 단, 마인드맵을 보면서 단원의 내용을 짝에게 설명해야 함을 미리 안내했다. 마인드맵을 완성한 후 짝에게 단원에서 배운 내용을 설명했다. 설명을 하면서 자신이 어떤 부분을 놓치고 있는지 파악할 수 있었다.

② 짝과 함께 하브루타 하기

마인드맵으로 그림이나 단어, 문장들이 정리가 되었고 설명을 거쳐 자신이 아는 것과 모르는 것을 알게 되었다. 질문을 통해 짝과 함께 하브루타를 했다. 배운 내용을 중심으로 사실 질문을 만들었다. 단원을 배운 후 서로 점검하는 순간이라고 생각하면 쉬울 듯하였다. 짝과 질문을 주고받으며 막히거나 모르는 부분은 다시 교과서나 노트를 검토하며 답을 찾아갔다.

〈학생들이 단원 정리에서 만든 질문들〉

Q1. 영양소는 뭘까? 왜 먹어야 할까?

Q2. 건강한 생활을 위해 무엇을 노력해야 할까?

Q3. 단백질은 어떤 걸 먹으면 섭취할 수 있을까?

Q4. 지방이 많이 들어간 음식에는 마요네즈와 버터 말고 어떤 음식이 있을까요?

[그림 54] 단원 골든벨 활동 모습

[그림 55] 비주얼 씽킹으로 완성한 단원 정리 학생 작품

Q5. 간식은 얼마나 먹어야 할까요?

③ 비주얼 씽킹으로 스스로 정리하기

짝이 아닌 다른 친구들과 나누고 싶은 질문을 골랐다. 질문을 적어 교사에게 제출했다. 대략 20명의 학생이 있다면 10개의 질문들이 만들어졌다. 교사는 제비뽑기 놀이를 통해 단원 골든벨을 진행했다. 문제를 푸는 과정을 보면서 학생들의 이해도 여부를 파악할 수 있었다. 학생들은 마무리 활동으로 비주얼 씽킹을 했다.

수업 후기

5학년 장○○ 학생은 "단원 정리 하브루타를 하게 되어 정리가 되고 오래 기억에 남는다."라고 말했다. 설명을 해야 한다는 사실을 아는 경우와 모르고 하는 경우는 결과의 차이가 컸다. 차시마다 여러 번 설명하기를 도입하면 좋지만 교과 진도 때문에 시간을 확보하기 힘든 경우도 종종 발생했다. 교사가 의도하여 단원 정리를 하고자 한다면 평소에 비주얼 씽킹에 대한 지도도 필요했다. 글보다 그림으로 시각화하여 학생들의 집약된 생각과 배움이 담기게 되어 한눈에 알아보기 쉬웠다. 학생들의 흥미를 끌어 지루하지 않게 알찬 단원 정리 시간이 되었다.

"한 아이를 키우려면 온 마을이 필요하다."

-아프리카 속담-

하브루타 문화

질문하는 문화

함께하는 하브루타 교육

5장

가화만사성
하브루타

진정한 소통을 원하는가? 매일 하는 소통과 공감만큼 좋은 가정교육은 없다. 하브루타의 힘은 가정과 함께 해야 배가 된다. 엄마 아빠들의 마음이 모여야 한다. 가정을 탓하는 학교가 아니라 소통의 기회를 주는 학교가 되어야 한다. 학교와 가정이 하나 되어 하브루타 문화를 만들어나간다.

1 학부모와 소통을 위한 하브루타

학부모 교육

"하브루타의 매력에 학부모 초대하기"

하브루타 수업을 지속적으로 실천하고자 할 때에는 교사의 노력, 학생들의 적극적 참여뿐 아니라 학부모들의 든든한 지원과 격려가 필요하다. 하브루타가 무엇인지 관심을 가지는 학부모도 하브루타 수업이 무엇인지 정확히 알지 못하기도 한다. 짝을 지어 대화하고 질문하고 토론하는 수업이라고 알려드린다면 막연하게 생각한다. 학부모가 하브루타 철학를 알게 되면 최강 지원군이 된다. 학기 초 하브루타에 대한 안내장을 배부하여 간단한 메시지를 전한다. 그 후 학부모 총회나 상담 주간을 활용하여 30분 이내의 활동을 통해 간단히 소개할 수만 있다면 더할 나위 없이 좋다. 하브루타 수업의 효과에 대해 일일이 나열하지 않아도 직접 느끼는 것이 중요하다.

준비물은 학부모님 앞에 한 장의 학습지, 필기도구만 있으면 된다. 학부모 연수, 학부모 동아리 활동의 시간을 할애해도 충분하다. 이 활동이 먼저 선행되면 가화만사성 하브루타 활동들이 모두

원활하게 이루어진다.

방법

① 학부모에게 말하기 전에 학습지, 신호등 사진 자료, 말하는 공부방과 조용한 공부방 동영상을 준비한다.

② 학부모들과 함께할 수 있는 시간을 마련하고 신호등의 색깔 순서(빨강-주황-노랑-초록)을 써보도록 한다.

③ 신호등의 색깔 순서를 알려주고, 그 원리를 찾아내는 토론과 발표를 한다.

④ 신호등 순서는 '위험→안전'으로 배치된다는, 원리를 알려준다.

⑤ 20세기를 바꾼 아인슈타인, 프로이드, 마르크스의 공통점을 써보도록 한다.

⑥ 이 활동을 통해 핵심 역량 4C를 신장할 수 있는 하브루타를 소개하도록 한다.

⑦ 〈숲속의 아름드리나무〉 텍스트를 보고 궁금한 점을 질문으로 만들어 짝 토론을 하고 쉬우르를 통해 하브루타에 대한 동기부여를 한다.

〈숲속의 아름드리나무〉

어떤 깊은 속 커다란 아름드린 나무가 뿌지직 소리를 내면서 넘어졌다. 그런데 아무도 그 소리를 들은 사람은 없었다. 진짜 소리가 난 것일까?

학부모님들의 질문들

Q. 나무는 왜 넘어졌을까?

Q. 정말 아무도 넘어진 소리를 들은 사람은 없는 걸까?

Q. 내 주변에도 쓰러진 사람이 있을까?

Q. 관심을 가져줘야 할 대상은 누구일까?

Q. 소리가 나는데 왜 못 들었을까?

바쁘신 학부모들에게 소개하는 시간은 30분만 양해를 구하면 된다. 신호등 질문에서 난감해하는 표정을 보았고, 동영상을 보고는 '아하!' 하는 모습을 보았다. 질문 만들기를 하고 생생 질문을 선택하는 과정에서 하브루타에 대한 동기부여가 이루어진 것 같다.

김○○ 학부모는 "신호등이 사소하고 너무 당연하다고 생각해서 의문을 품지 않았다. 녹색이니 그냥 멈추었다. 저런 사소한 것 하나에도 호기심을 가지고 질문을 하게 되니까 생각을 해보게 되었다. 일상생활에서도 당연하게 스쳐 지나가지 않고 의미를 부여해서 생각해보면 좋겠다."고 했다. 또, "아, 우리 애도 말할 수 있는 공부 방법을 시켜줘야겠다. 어렸을 때 이런 교육을 받았다면 좋았겠다." ○○이 엄마는 "전교 1등 친구를 따라가서 도서관에

[그림 1] 학부모 연수

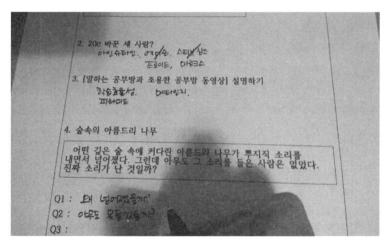

[그림 2] 학부모 교육 자료 학습지 작성

갔는데 그 친구의 공부 방법은 말하면서 공부를 했고, 설명하는

것을 좋아하고 잘했다."고 말했다.

알림장

"학교와 가족을 연결하는 알림장 하브루타"

요즈음 교사들은 다양한 커뮤니티를 활용하여 가정과 소통하기 위해 노력하고 있다. 학생들의 학교생활을 자연스럽게 알려주면서 가정과 함께 하는 교육을 하고자 한다. 필자 또한 클래스팅, 학교 홈페이지, 문자, 단체 카톡, 네이버 밴드 등 다양한 경로를 통해 학부모님들과 소통하기 위해 애써왔다. 하지만 무엇인지 모를 부족함이 있었다. 사진으로 또는 문자로 학생들의 생활을 알려주는 의미만 있는 듯 보였다. 진정한 소통과 피드백이 없다는 것을 깨달았다.

하브루타로 수업을 한 날에는 반드시 '알림장 하브루타'가 과제로 나간다. '알림장 하브루타'란 그날 읽은 텍스트(교과서 또는 교사가 준비한 자료)로 짝과 하브루타를 하며 생각을 나눈 것을 부모님께 설명해드리는 과제이다. 어떤 내용에 관한 것을 어떤 질문으로 하브루타를 했으며 어떤 생각을 했는지 전달하는 과정에서 학생들의 사고는 조직화되어간다. 학부모님들도 학생의 설명을 듣고 알림장에 한 줄 평가를 해서 보내주신다. 학생들의 설명이 어느 정도로 이루어졌으며 어떻게 받아들이고 있는지 알게 된다. 다른 생각을 가질 수 있음을 깨닫게 되고 학생의 학교생활에 관심을 가지게 된다. 피드백도 자연스럽게 이루어진다.

학교에서도 가족과의 소통을 중요시하고 있어 다양한 교육들이 나온다. 다소 강제성을 띄고 있으나 '알림장 하브루타'는 가족과의 눈 맞춤 시간을 자연스럽게 제공해준다. 이것은 '밥상머리 교육인 하브루타 가족 식탁'으로도 이어진다.

설명하기 하브루타와 접목된 '알림장 하브루타'는 교사가 별도의 자료를 준비하지 않아도 되며 학부모의 한 줄 피드백으로 학생의 학습 이해력도 짐작할 수 있어 좋은 활동이다. 처음에는 간단한 것부터 시작하는 것이 좋다. '알림장 하브루타'는 학생이 부모님에게 설명하는 것이다.

방법

① 학생들은 하브루타에 관한 영상을 시청한다.

② 영상이 끝나면 학생의 질문을 가지고 다른 학생들의 생각을 공유하도록 한다.

③ 교사는 하브루타란 무엇인지를 설명한다.

④ 첫 알림장 하브루타의 주제로 '하브루타가 무엇인지 설명하기'를 제시한다.

⑤ 학생들은 이것을 알림장에 기록하여 부모님에게 보여준다.

⑥ 학생들은 부모님께 "하브루타란 짝을 지어 질문하고 대화, 토론, 논쟁하는 것"이라고 설명한다. 가정에서도 하브루타가

무엇인지 관심을 갖게 되고 교사가 하려는 수업의 방향을 알게 된다. 수학 시간에 겉넓이를 구하는 방법을 배웠다면 알림장에는 '겉넓이를 구하는 방법 설명하기'를 주제로 적는다. 수학 교과서에 나온 문제나 수학익힘책에 나온 문제를 활용하여도 좋다.

⑦ 학부모는 알림장에 자녀가 설명한 것을 들은 대로 적는다. 부모가 적는 것을 한 줄 메모(핵심 단어)라고 한다. 자녀가 설명한 내용을 요약하거나 그대로 적는 것이다. 이때 중요한 것은 눈 맞춤과 경청이다. 그리고 학생의 설명이 맞고 틀림, 옳고 그름을 판단하지 않고 온전히 수용하는 것이 중요하다.

⑧ 느낌을 적는 것은 학부모의 선택으로 열어둔다. 무엇인가 느낌을 적는다는 것은 부담일 수 있으니 강요하지 않는 것이 좋다.

알림장 하브루타는 매일 학부모와 자녀가 소통할 수 있는 기회를 제공하고 학교에서 배운 내용을 전달하는 과정에서 한 번 더 기억을 하게 하는 것에 의의가 있다. 설명을 한다는 것은 자신이 이해를 했다는 것이고, 학부모님의 한 줄 메모를 읽으면 어떻게 설명했는지 짐작이 가능하다. 전달이 미숙한 경우 쉬는 시간이나 수업 시간에 조금 더 친절히 설명하거나 보충해주었다.

단순히 학교 잘 다녀왔다는 인사를 받고 끝나는 것보다 학교에

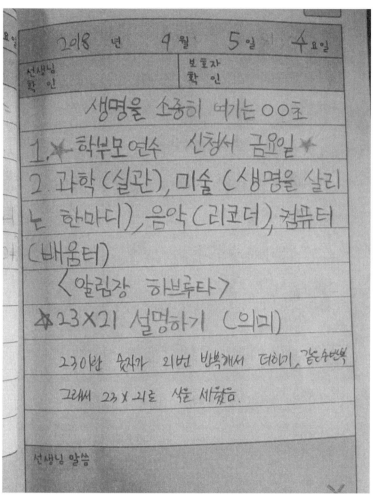

[그림 3] 학부모가 댓글 달아준 알림장 하브루타

서 배운 내용이나 친구들과 함께한 활동 등 다양한 이야기를 전달하는 자녀를 보며 흐뭇하다고 하였다. 나○○ 학부모님은 "학교생활이 알찬 것 같고 무엇인가 열심히 배우는 것 같아서 좋아요", 곽

○○ 학부모님은 "말 수가 없는데 궁금한 학교생활을 하나라도 말하니 대화를 하게 된 것 같아 좋고 다음날이 기대돼요." 등 다양한 소감을 밝혔다.

2 아이들의 일상생활 하브루타

하브루타 경제교육

"재미와 의미를 추구하는 행복한 부자 되기"

내가 만나는 학부모님들은 자신의 자녀가 경제적으로 궁핍한 삶을 살지 않기를 바란다. 그렇다고 자녀가 한 달에 수억 원씩 돈을 버는데 놀 시간이 없는 사람, 돈이 너무 많아서 최첨단 보안 경비 시설의 대저택에서만 사는 것도 바라지는 않는다. 자신이 할 수 있는 능력을 발휘하여 정당한 노동의 대가인 돈을 벌고 그 일부를 어려운 사람들과 나누며 사는 행복한 부자로 성장하길 원한다.

그래서 하브루타 경제교육이 필요하다. 가정에서는 경제에 대해 무엇을 어떻게 가르칠 것인지 고민해보는 기회를 갖는다. 학기 초에 교사가 학부모에게 편지를 쓰거나 학부모 총회를 통해 하브루타 경제교육을 소개한다. 아이들에게 돈에 대한 가치관, 노동, 리더십 등을 교육함으로써 경제에 대한 철학을 심어준다. 또한 자선 활동을 통해 공동체 역량과 나눔, 배려를 중시하는 리더의 덕목을 함양한다.

방법

① 학부모 대상 경제교육 시간을 마련한다. 하브루타 가족 식탁의 절차인 째다카 활동은 경제교육의 시작이다. 유대인들은 자선을 위해 돈을 번다. 그들이 하는 째다카 활동이 가정에서 할 수 있는 나눔의 습관을 형성해준다.

② 용돈 기입장을 검사하는 세계 갑부 록펠러 2세의 사례를 통해 수입과 지출을 통제하며 얼마나 성실하게 용돈을 관리했는지를 묻는 부모의 태도가 얼마나 중요한지 생각해보도록 한다.

③ 잘못된 용돈 문화를 바로잡고 불로소득에 대한 허황된 꿈을 꾸지 않도록 가정에서 용돈 계약서와 용돈 기입장을 작성한다.

④ 용돈 계약서는 사전에 가족회의를 통해 내용과 금액을 정한다.

⑤ 한 달 용돈, 째다카 금액, 저축, 소비 등을 중심으로 월별 금융 계획을 세운다.

⑥ 여러 기관에서 주최하는 벼룩시장, 학교에서 실시하는 나눔 장터, 알뜰 시장 등의 체험에 참여한다. 하나의 팁이라고 한다면 참여 전 소득과 소비에 대한 하브루타를 하면 좋다.

⑦ 소극적, 적극적 용돈 벌이를 하여 얻은 소득의 일부를 자선 활동에 사용한다.

⑧ 노동의 가치를 알도록 부모 직업을 체험하고 돕는 기회를 갖

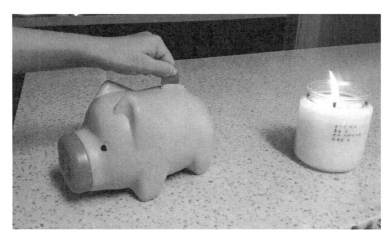

[그림 4] 가정에서 째다카 하는 모습

는다.

⑨ 한국은행을 포함하여 금융놀이를 할 수 있는 사이트와 보드
게임, 영상, 개인적으로 체험할 수 있는 장소를 소개하도록
한다.

하브루타 경제교육을 통해 학생들은 가정에서 부모님이 어떻게
돈을 벌고 계신지 알게 되고 노동과 돈이 우리 생활에 밀접하게
관련 있음을 알게 되었다고 한다. 작게나마 기회가 되는대로 판매
의 경험을 갖기도 했다.

용돈 계획을 수립하여 계획성 있는 기부와 지출을 하고자 노력
하기도 했다. 용돈 기입장의 중요성을 간과하지 않고 되새기고 실
천에 옮긴 학생도 있었다. "록펠러의 이야기를 듣고 자녀에게 용

돈 기입장을 쓰도록 해야겠고, 가계부를 성실하게 써야겠다는 생각이 들었어요."라는 학부모도 있었고, 학교에서 만든 푸쉬케를 잘 활용하여 자선 활동에 기여하고자 한 학부모도 있었다. 어떤 학부모는 "아이가 원해서 가족회의를 했고 월드비전에 후원하기로 결정했어요."라고 말하기도 했다.

<table>
<tr><td colspan="3">〈   의 용돈 계약서〉</td></tr>
<tr><td colspan="3">설거지----------200원
신발정리---------100원
안마-----------300원</td></tr>
<tr><td colspan="3">〈 의 월 용돈 기입장〉</td></tr>
<tr><td>한 달 용돈 금액</td><td colspan="2"></td></tr>
<tr><td>째다카 금액</td><td colspan="2"></td></tr>
<tr><td>저축액</td><td colspan="2"></td></tr>
<tr><td colspan="3">소득과 소비 내역</td></tr>
<tr><td>20 . . .</td><td></td><td></td></tr>
<tr><td></td><td></td><td></td></tr>
<tr><td></td><td></td><td></td></tr>
<tr><td></td><td></td><td></td></tr>
<tr><td></td><td></td><td></td></tr>
<tr><td colspan="3">용돈 계약서 예시</td></tr>
</table>

일기 쓰기

"하루라도 질문을 하지 않으면 입안에 가시가 돋는다!"

매일매일 질문하는 습관, 질문에서 그치지 않고 내가 살아가고 있는 주변에 관심과 호기심을 가지는 것에서부터 질문이 시작된다. 일기는 하루 중 가장 남기고 싶은 일상을 기록하거나 메모하는 것이다. 기록으로 남기고자 할 때 내 주변의 일상에 호기심 어린 눈과 질문의 눈으로 세상을 바라본다면 좀 더 많은 애정과 관심 어린 마음으로 세상을 보게 될 것이다. 주말 미션과 연계하여 실천한 내용에 대한 느낌과 성찰의 의미를 일기 쓰기 형식을 활용하여 기록한다. 자신의 모습을 되돌아볼 수 있는 기회가 될 뿐만 아니라 자신이 성장하고 있다는 자신감과 추억을 얻게 되는 것이다. 고학년에서는 일기를 쓰고 남과 공유하는 것에 대한 거부감이 있으므로 '에세이'라는 자유로운 글쓰기 형식을 활용하도록 한다.

방법

① 매일 질문을 하는 것이 어렵지만 시작이 반이라고 생각하고 자신의 주변에서 일어나는 일에 관심을 가지고 질문을 해본다.

② 질문으로 끝나는 일기를 쓴다. 만약에 오늘 마트에 엄마와 함께 장을 보러 갔다면 보통의 일기는 경험한 일을 중심으로

시간의 흐름에 따라 서술한 후 간단한 느낌을 쓰고 마무리하게 된다. 여기서 그치지 않고 일과 중에 호기심이나 '왜?'라고 생각해보는 글을 더 첨가해 보는 것이다.

③ 정답이 있는 질문이면 나중에 꼭 답을 찾아본다.

④ 정답이 없는 상상 질문이나 종합 질문이라면 가족들과 함께 질문을 공유하고 토의·토론의 주제를 삼아 이야기를 나눠본다.

⑤ "너는 어떻게 생각해?"라는 질문으로 댓글을 달아준다.

⑥ 가족들과 질문에 대하여 이야기한 후 느낀 소감을 일기장에 적는다.

예시)

2018년 ○○월 ○○일 날씨: 그냥 보통의 평범한 맑은 날

엄마랑 마트에 갔다. 동생이 숲 학교에 가는데 어제 비가 와서 땅이 젖어 있을 것 같아 장화를 사기 위해서였다. 마트 앞에서 카트를 챙기고 동생 장화를 샀다. 지호는 분홍색을 좋아해서 분홍색 장화를 샀다. 내 것도 사달라고 말하고 싶었지만 참았다. 왜냐하면 지난번에 내가 갈아 신을 운동화가 없다면서 내 신발만 사줬기 때문이다.

오늘의 Q: 사람들의 발 치수가 있는데 언제부터 이 숫자를 사용했을까?

ㄴ 댓글: 너는 어떻게 생각하니? 인터넷으로 검색해서 선생님에게 알려 주렴!

일기를 쓴 후 설명 하브루타를 하고 궁금증에 대해 학생이 조사해보도록 도움을 준다. 저학년의 경우에는 학생의 글에 댓글을 달아주면 좋아한다. 그러나 고학년은 담임교사가 일기를 읽는 것에 대해 부담스러워하거나 검사를 받기 위한 형식적인 글에 머무르고 솔직한 글을 기대하기 어렵다. 학년의 수준이나 개인의 성향에 따라 가정에서 일기장을 활용해야 할 것이다. 저학년의 학부모님께서는 자녀의 질문에 대해 이야기하다 보니 학교생활이나 고민에 대한 부분도 쉽게 대화를 나눌 수 있어 좋았다고 하셨다. 남들은 다들 그냥 소홀히 하는 생각이나 질문도 댓글을 달아주고 인정해주니 기분이 좋아지고 질문을 하는 것을 좋아하게 되었다고 느낌을 말했다. 다인수 학급에서는 대화와 소통의 장이 되었다. 그 아이가 현재 관심을 가지고 있는 분야에 대해 이야기함으로써 진로교육과 상담에 도움이 되었다. 가정 내에서의 수용적이고 긍정적인 관계를 유지하고 대화의 창을 만들어 주는 소통의 글쓰기가 된다.

미션 하브루타

"가정에서도 미션 해결을 위해 질문하고 대화하자!"

학생들이 가장 싫어하는 것은 옛날이나 지금이나 숙제가 아닐까? 하교 후에 학원 뺑뺑이를 돌면서 학생들은 열심히 공부했다고 생각하고 학원 숙제가 학교 숙제보다 더 빡빡한 일상이 돼버렸다. 특별한 미션을 통해 과제지만 과제 아닌 듯, 놀이 같은 과제를 내준다. 미션 해결의 주제나 내용은 학생의 수준과 능력을 고려하고, 계절과 사는 곳에 따라 결정한다. 특히 미션 주제는 학생들의 삶과 일상, 주변에서 찾는 것이 좋다. 학생들의 주변 생활에 맞게 내준 미션 수행은 살아 있는 공부가 될 것이다. 또 학생들 스스로 선택한 재미있는 미션은 어려움이 따르더라도 포기하지 않고 해결하려고 할 것이다.

방법
① 미션은 가정과 연계하여 해결할 수 있도록 제시한다. 월별·교과별 주제를 정해 교사가 미리 어떤 목표를 가지고 계획을 세워 미션을 내주어야 하지만 아이들은 그것에 대해 부담을 느끼지 않도록 하는 것이 좋다.
② 놀이와 가깝게, 아주 가벼우면서도 쉽게 할 수 있는 것부터 안내한다.
③ 좀 더 재미가 붙게 되면 처음에는 조금 하기 싫고 힘들어도 하다 보면 저절로 재미가 생겨 그 속에 빠져들 수 있다.
④ 미션 실천을 하고 드는 생각이나 느낌은 질문으로 남겨본다.

미션 주제	활동 의도(질문)
핫이슈 하브루타	- 당시 핫이슈에 대해 가족이나 친구들과 하브루타 하기
휴가지 선정 하브루타	-가족 간에 회의를 통해 휴가 장소를 정하기
추석날 할아버지 할머니한테 살아오신 이야기 듣고 질문하기	-가족의 전통, 가족 간의 대화
가족 간에 놀이 활동하기(윷놀이, 보드게임 등)	-가족 간의 대화를 통해 유대감 형성하기
흙길을 맨발로 걸어보고 질문 만들기	-일상의 느림 속에서 가정과 자연의 소중함을 깨닫기
가족 질문 손도장, 발도장 찍기(본뜨기)	-가족 간의 궁금한 점을 손도장, 발도장에 찍고, 질문 적고 하브루타 하기

　재미있는 미션을 주기 위해서는 교사의 노력이 필요하다. 결과물이나 보고서보다는 인증샷을 서로 공유하면 좋겠다. 간단한 부모님의 카톡 문자나 답글로 대체해도 좋다. 어떤 학생 어머님은 처음에는 귀찮아했지만 과소비에 대한 토론을 했더니 가족 간의 대화를 할 수 있었다고 좋아하였다. 또 다른 학생 어머니는 사춘기의 자녀와 대화 할 수 있는 주제가 생겨 좋다고 했다. 주말 일기와 연계하여 주말 미션을 하고 나서 느낌이나 질문을 적도록 하고 월요일 아침에 서로의 느낌을 나누는 시간을 갖는다.

3 가족이 함께하는 하브루타

하브루타 가족 식탁

"식탁 대혁명 프로젝트 하브루타 가족 식탁"

대한민국 평균 아빠들의 자녀와 대화하는 시간이 '37초'라는 조사 결과를 들은 적이 있다. 게다가 37초의 시간마저도 대화가 아니다. "밥 먹었냐?", "씻어라."와 같은 '지시'나 '강요'가 많다. 예로부터 우리나라는 밥상머리교육을 통해 웃어른을 공경하고 먹을거리를 귀하게 여길 줄 알도록 지도했다. 노벨상 수상자의 30%를 배출한 유대인들은 가족 식탁에서 가족과 나누는 대화를 소중하게 생각한다고 한다.

가족 식사 시간의 대화는 언어 습득과 언어 구사 능력을 기르는 데 매우 효과적이며, 아이들이 안정감을 느끼도록 도와준다. 식사 공간은 예절, 공손, 나눔, 절제, 배려를 학습하는 곳이며, 균형적인 식습관이 형성되고, 비만, 식사 장애 등을 줄이도록 도와준다. 가족 식사를 함께하면 가족 간 강한 유대가 생기고 행복감을 느끼게 된다. 하브루타 가족 식탁은 가족이 모여 함께 식사하면서 대화를 통해 가족 사랑은 물론이고 인성과 지성을 키우는 시간이다.

방법

① 하브루타 가족 식탁을 위해서는 먼저 학부모의 협조를 구한다. '하브루타 가족 식탁의 날'에 대한 소개 글, 선행해야 할 절차, 순서와 약속에 대한 안내장을 배부하도록 한다. 1학기 학부모 총회에서 '하브루타 가족 식탁'을 소개하고 자세한 내용을 안내장을 통해 안내하며 참여 희망 가정을 파악하여 진행하면 좋다.

② 가장 먼저 가정에서 해야 할 일은 벽에 붙어있는 식탁을 떼어내어 짐을 두는 역할에서 해방시키고 본연의 기능을 할 수 있도록 환경을 조성하는 것이다.

③ 꿈을 담은 문구(꿈담 문구)를 결정한다. 꿈담 문구는 우리 가족의 꿈담(꿈을 담은) 문구이며 가족 식탁에서 서로를 향해 축복해줄 때 사용한다. 예를 들어 '○○를 사랑하고 축복합니다. ○○는 가정의 행복이자 기쁨이에요.'이다.

④ 함께 요리를 준비한다.

⑤ 부모님 중 한 분이 캔들(향초)을 켠다.

⑥ 나눔의 동전을 넣는다.

⑦ 부모님 중 한 분이 꿈담 문구를 말하면서 가족만의 약속 스킨십(허그 등)을 한다.

⑧ 가족이 함께 식사 감사 인사를 한다.

⑨ 일상과 '아름다운 주제 이야기'를 듣고 토론한다.

가정에서 하브루타 가족 식탁을 진행하고자 할 때 식탁 약속을 함께 정하도록 한다.

〈식탁 약속 10가지〉

① 정해진 요일과 시간에 규칙적으로 실시한다.

② 식사는 가족이 함께 준비하고, 함께 먹고 함께 정리한다.

③ 여유로운 대화를 할 수 있게 천천히 식사한다.

④ TV는 끄고, 전화는 나중에 한다.

⑤ 하루 혹은 일주일간 있었던 일에 대해 서로 나눈다.

⑥ "어떻게 하면 좋을까?" 식의 열린 질문을 던진다.

⑦ 긍정적인 생각으로 칭찬과 격려의 말만 한다.

⑧ 아이의 말을 중간에 끊지 말고 끝까지 경청한다.

⑨ 행복하고 즐거운 가족 식사가 되도록 노력한다.

⑩ 식사의 시작과 끝을 함께한다.

하브루타 가족 식탁의 횟수가 증가함에 따라 자연스럽게 인성 교육, 사회성 교육 등이 이루어진다. 그 속에서 가족의 정체성을 형성하고 서로의 사랑을 만들고 확인하게 된다.

학교와 가정에서 실천하고 있는 김○○ 교사는 "나태주 시인은

[그림 5] 가족 식탁의 날

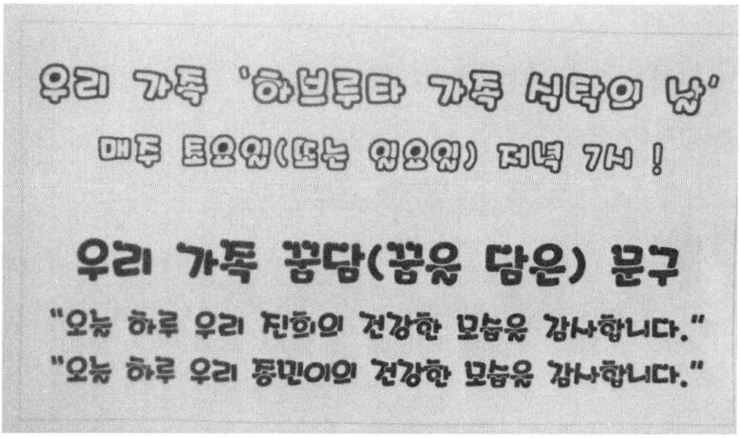

[그림 6] 꿈담 문구

자세히 보아야 예쁘고, 오래 보아야 사랑스럽다고 하였다."면서 우리 귀한 아이들을 자세히 보고 오래 보는 시간을 갖게 된다면 지금보다 더 아름다운 52개의 미덕 보석이 다이아몬드로 빛나게 되리라고 기대하며 하브루타 가족 식탁에 참여하고 있다.

김○○ 학부모는 "아이들이 밥 먹을 때 텔레비전을 보거나 책을 읽으며 대화 없이 또는 아이들만 먼저 먹거나 가족들이 함께 대화하며 식사하는 일이 점점 줄어들어 변화하고자 신청하게 되었어요. 바쁘다고 미루기만 했었는데 막상 하고 나니 넘 유익하네요. 저희 집 꿈담 문구는 항상 감사하는 마음을 갖고 몸도 마음도 건강한 우리 가족입니다."라며 메신저로 응답해주었다.

박○○ 학부모는 "6월 첫 번째 하브루타 가족 식탁의 날을 맞아 아빠, 엄마, 동생과 함께 소소한 이야기로 시작을 했습니다. 부모님의 어릴 적 이야기부터 아이가 태어나기까지의 이야기도 해보고, 아이의 일상에 대해서도 들어봤습니다. 요즘 혼자만의 시간을 좋아하는 아이가 조금은 가족들과 가까워지는 시간이 되지 않았나 싶습니다."라고 사진과 소감을 보내주었다.

학급의 안○○ 학생은 "항상 식사를 하며 대화를 한다. 도와드리지는 못했는데 생각해 보니 엄마가 힘드셨을 것 같다. 엄마 고마워요! 아빠도 고마워요!"라고 일기에 적었다.

하브루타 가족 식탁의 날 인증서

홍길동 가족은 하브루타 가족 식탁 대혁명 프로젝트에 참여하여 가족과의 대화시간을 갖고 가족 사랑을 실천하였기에 이 인증서를 수여합니다.

◉ 가족 꿈담 문구 ....

◉ 느낌 & 생각 ....

2018. . .

광주 전남 하브루타
교사연구회 [마따 드림]
교사 ○○○

[그림 7] 하브루타 가족식탁의 날 인증서

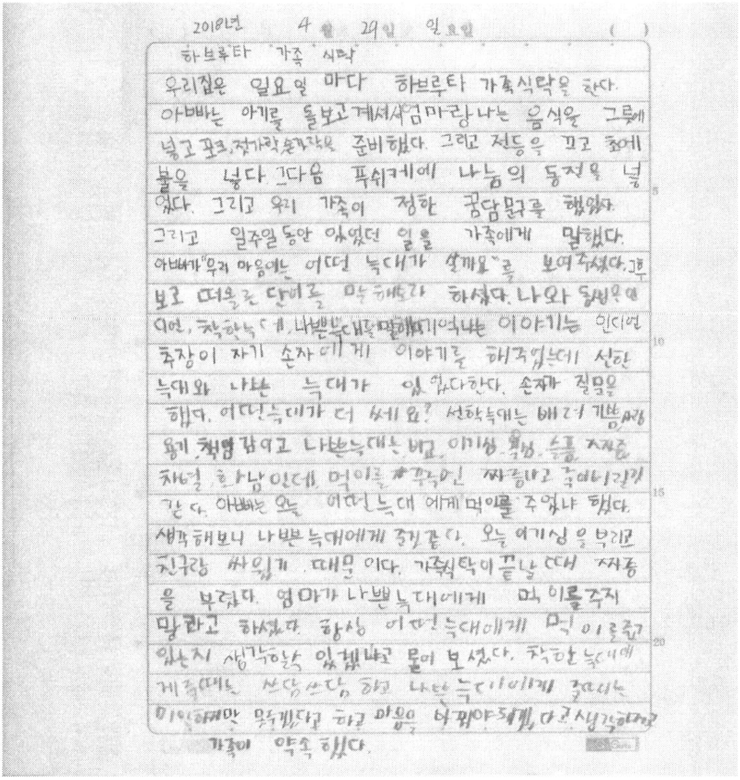
2018년 4월 29일 일요일 ( )
하브루타 "가족" 식탁
우리집은 일요일 마다 하브루타 가족식탁을 한다.
아빠는 아기를 돌보고계셔서엄마랑나는 음식을 그릇에
넣고 포크,젓가락,숟가락을 준비했다. 그리고 전등을 끄고 초에
불을 넣다. 그다음 푸쉬케에 나눔의 동전을 넣
었다. 그리고 우리 가족이 정한 꿈담문구를 했었다.
그리고 일주일동안 있었던 일을 가족에게 말했다.
아빠가 "우리 마음에는 어떤 늑대가 살까요"를 보여주셨다. 그후
보고 떠오르는 단어를 말해보라 하셨다. 나와 동생은
어, 착한늑대, 나쁜늑대를 말해 기억나는 이야기는 인디언
추장이 자기 손자에게 이야기를 해주었는데 선한
늑대와 나쁜 늑대가 있었다 한다. 손자가 질문을
했다. 어떤늑대가 더 세요? 선한늑대는 배려 기쁨 사랑
용기, 책임감이고 나쁜늑대는 비교, 이기심, 욕심, 슬픔 짜증
차별, 화남인데 먹이를 주는쪽이 짜증나고 죽어버리기
간다. 아빠는 오늘 어떤 늑대 에게 먹이를 주었나 했다.
생각해보니 나쁜 늑대에게 준거같다. 오늘 이기심을 부리고
친구랑 싸웠기 때문이다. 가족식탁이 끝날 때 짜증
을 부렸다. 엄마가 나쁜늑대에게 먹이를 주지
말라고 하셨다. 항상 어떤늑대에게 먹이를 주고
있는지 생각할수 있겠냐고 물어 보셨다. 착한 늑대에
게 줄때는 쓰담쓰담 하고 나쁜 늑대에게 줄때는
미워해만 못주겠다고 하고 마음을 바꿔야 되겠다고 생각하며
가족이 약속했다.

[그림 8] 하브루타 가족 식탁 후 일기

하브루타 월간지

"가족과 함께 하는 하브루타로 가족 마음 들여다보기"

인성 교육은 가정과의 연계가 중요하다. 가정과의 연계가 되지 않으면 효과를 기대하기가 어렵다. 모두의 생각을 존중하면서 가정의 기능을 회복해야 한다. 유대인들은 안식일에 탈무드를 통한 가족과의 대화 시간을 갖는다. 이로 인해 서로의 생각을 존중해 주며 자녀들이 올바른 생각을 가지고 커 나갈 수 있도록 이끌어간다. 이런 문화가 있기에 지금의 유대인들이 있는 것이다.

하브루타 월간지로 하브루타 문화를 가정에 전한다면 서로의 생각 차이를 인정하고 대화 시간을 늘려 가족의 기능을 회복할 수 있다. 가정 내에서 질문을 주고받고 스스로 생각하고 답변하는 습관을 기른 아이는 보다 창의적이고 자기주도적인 모습을 보인다. 아주 쉬운 질문이라도 바로 정답을 말하지 않는 것이 좋다. 질문하는 습관을 키운다면 사고력이 향상된다. 틀린 답이라도 아이들의 답변을 먼저 물어보는 모습 등을 통해 하브루타를 실천할 수 있음을 안내하는 것도 중요하다. '하브루타 가족 식탁'과 연계하면 좋다.

방법

① 교사는 탈무드와 이솝우화 등 쉽게 읽히면서도 주제가 있는 글들을 미리 읽고 필요한 글들을 선정한다. 명화나 시를 선택하여도 좋다.

② 선정된 글을 읽으면서 질문을 미리 만들어본다. 질문을 읽으면서 예상 답변도 생각해보면 좋다.

③ 월간지 1호는 하브루타에 대한 거부감이 생기지 않도록 담임 교사의 글과 함께 이야기를 전하도록 한다. 학부모 총회 및 상담 기간에 미리 안내하면 더 효과적이다.

④ 월간지 2호부터 어렵고 긴 내용보다는 명화나 시를 통해 하브루타의 재미를 느끼고 다양한 생각을 들을 수 있는 기회를 제공하는 것이 우선이다.

⑤ 교사가 미리 5개 정도의 질문을 제시하여 질문에 가족들의 생각을 담아올 수 있도록 한다. 점점 제시된 질문은 줄이고 가족들의 질문을 담아올 수 있는 칸을 만들어 질문에 익숙해지도록 유도한다.

⑥ 가족들의 질문으로 대화를 하는 시간이 즐겁고 소중함을 느낄 수 있도록 부모님께 하브루타의 가족 규칙을 세우도록 안내하는 것도 중요하다.

⑦ 하브루타 월간지는 매월 넷째 주 금요일에 나가도록 원칙을 정하면 좋다. 주말을 이용해 가족과의 대화 시간을 유도한다.

[그림 9] 하브루타 월간지로 대화하는 모습

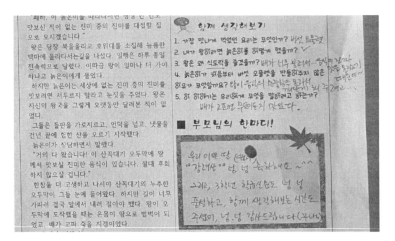

[그림 10] 하브루타 월간지 '부모님의 한마디'코너

⑧ 탈무드로 월간지를 만든다. 교사는 가족의 갈등 관계를 표면
에 올리기 힘든 주제, 살아갈 때 필요한 가치, 힘들 때 일어날
수 있는 자존감 등 다양한 주제들로 미리 생각한다.

⑨ 월간지의 양식은 학생 발달단계에 맞게 자유롭게 변경하여
  도 좋다. 처음에는 학급 신문의 양식으로 가볍게 시작하는 것
  을 권장한다.

하브루타 월간지는 한 달에 한 번 부모와 자녀와의 대화 기회를
제공하기 위해 마련됐다. 하브루타 월간지가 나오는 날에는 가족
들이 모여 자녀들의 생각을 들어보고 평소 알지 못했던 자녀의 변
화에 대해 이해하게 되어 좋다는 반응이 많았다. 학생들 또한 일
상적인 생활 대화가 아닌 부모님의 생각을 알 수 있어 좋은 기회
였다고 말했다. 김○○ 학부모님은 "어릴 때만 읽어줬는데 다시
글을 소리 내어 읽어주니 그 시절이 떠올라 좋았어요", 박○○ 학
부모님은 "함께 생각하는 시간을 주셔서 감사해요." 등 다양한 소
감을 전해주었다.

가족 독서 하브루타[32]

"가족과 소통하는 비밀의 열쇠 가족 독서 하브루타"

자녀 교육법에 관한 서적들이 많은데 공통적으로 자녀와의 공
감과 소통을 이야기한다. 10년이면 강산이 변한다는 시절은 옛날

이고, 지금은 1년이란 짧은 시간에도 강산이 변한다고 한다. 세상이 급변하여 자녀와 부모 간 세대 차이는 더 커지게 된다. 서로가 지내온 세월과 환경이 다르기에 의견 차이가 있을 수밖에 없다. 대화의 창구가 닫히는 것은 순식간이다. 가족들과의 소통을 중시하며 공감하고 대화가 꿈틀대는 행복한 가정을 이루는 비밀 열쇠가 가족 독서 하브루타다.

　가족 독서 하브루타란 가족들이 하나의 책을 읽고 함께 질문하고 대화하고 마음을 공유하는 하브루타다. 가족 식탁에서 정한 가족의 꿈이 담긴 문구인 '꿈담문구'로 가족 독서 하브루타를 열면 좋다. 가족 식탁처럼 가족 독서 하브루타를 하는 일정한 시간을 정하고 간단한 그림책으로 시작하는 것을 권한다. 너무 글밥이 많은 책은 지루하거나 지칠 수 있다. 처음에는 부모님이 그림책을 읽어주며 함께 그림을 보는 것으로 시작한다.　아이가 읽어도 좋다.

　가족 독서 하브루타에 관심이 많아지면 함께 책을 선정하여 읽는다. 함께 참여한다는 것이 중요하다. 남녀노소 모두가 즐길 수 있는 그림책으로 하는 것을 권장한다. 그림책으로 분위기를 형성하였다면 다양한 장르의 책에 도전해보아도 좋다. 창작동화에서 비문학까지 아이가 관심을 가진 분야를 선택하는 것도 좋다. 부모가 함께 책을 읽고 공감해주며 같은 곳을 바라보면서 이야기한다는 것 자체만으로 가족 독서 하브루타는 성공한 것이다.

가족 독서 하브루타는 가족을 함께 성장시켜주는 힘이 있다. 이 힘은 가족을 더욱 친밀하게 만들어주고 사랑을 키워준다. 짧을 수도 길 수도 있는 시간을 잘 활용하면 가족이 즐거운 행복을 만드는 시간이 된다. 또, 학교에서는 가족 독서 신문 만들기, 가족 독서 골든벨 등 다양한 활동과 연계하여 운영할 수 있다.

방법

① 자녀가 보고 싶은 그림책을 고른다.

② 책을 읽기 전 활동으로 제목과 표지의 느낌을 함께 살펴보고 이야기를 나누는 시간을 갖는다. 책 표지의 느낌은 어떤지, 제목을 통해 짐작할 수 있는 책의 내용은 무엇인지 등 책의 내용을 상상해 보면서 관심과 흥미를 증폭시킬 수 있다.

③ 부모님 중 한 분이 책을 읽어준다. 구연동화로 실감나게 읽지 않아도 되므로 책을 읽는 것을 부담스러워하지 않아도 된다. 부모님의 목소리로 차분하게 책에 나온 문장, 글자 그대로 읽어주면 된다. 혹시, 자녀가 모르는 단어라 생각하여 뜻을 풀어 읽거나 각색해서 읽지 않아도 된다. 모르는 단어는 나중에 질문을 통해 해결할 수 있고 문맥상에 나타난 상황으로 단어의 의미를 짐작할 수 있다.

④ 읽는 중에는 멋진 문장이나 장면을 생각하며 듣도록 사전에 약속을 한다.

⑤ 책을 읽고 나서 책을 읽어준 사람에게 "책을 읽어줘서 고마워", "책을 읽어줘서 감사합니다."라는 말을 하도록 한다. 반대로 들은 사람에게 "끝까지 경청해줘서 고마워."라는 말로 답하도록 한다. 당연한 것처럼 보이는 사소한 것 하나하나에 의미를 부여하며 표현하는 습관이 길러진다.

⑥ 읽은 후 활동으로 내 마음에 든 문장 또는 장면을 말하고 그 이유도 함께 나눈다. 비슷한 문장이나 장면을 선택하기도 하나 이유는 다를 수 있다. 가족들의 생각이 다를 수 있음을 느낄 수 있다. 엉뚱한 생각이나 이유를 말해도 칭찬과 격려를 해주는 것이 중요하다.

⑦ 책 내용을 되새기며 질문을 만든다. 만들어진 질문으로 가족들과 대화한다. 가족 독서 하브루타의 꽃은 질문으로 소통하는 것이다.

⑧ 나의 삶과 연결하여 마음을 함께 공유하는 시간을 갖는다. 처음에는 서툴지만 가족 모두가 성장하는 순간임을 기억해야 한다.

⑨ 책에 대한 한 줄 평으로 마무리한다.

시간을 낼 수 없어 안타까운 날들이 많은데 아이가 자꾸 책을 함께 읽어야 한다고 해서 겨우 시간을 내서 해보았다는 학부모, 책을 읽어줘야 하는데 다문화 가정으로 베트남에서 시집와 아이

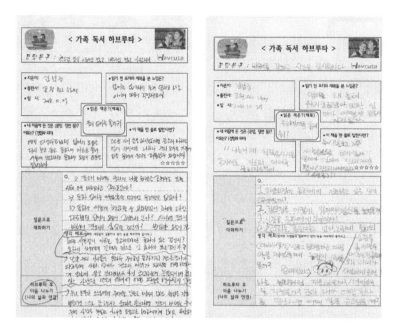

[그림 11] 《우리 엄마를 돌려줘》를 읽고 부모님이 작성한 학습지

[그림 12] 《우리 엄마를 돌려줘》를 읽고 자녀가 작성한 학습지

[그림 13] 《우리 엄마를 돌려줘》로 가족 독서 하브루타를 하고 있는 모습

가 책을 읽어줘서 눈물이 났다는 학부모, 독서라 하니 따분했는데 아이의 생각을 알게 되는 좋은 기회라서 좋았다는 부모 등 다양한 소감을 들을 수 있다.

공감대를 형성하고 함께하는 것을 싫어하는 부모나 자녀는 없다. 늘 함께 있고 싶어 하고 즐거운 추억을 만들고 싶어 한다. 또, 자녀가 바른길을 걸어가길 바란다. 같은 공간에 함께 머물고 있으면서 생각이 다름을 인정하지 못해 갈등이 생기기도 한다. 부모라는 이름의 권위로 자녀의 생각을 누르고 틀리다고 말할 때도 있다. 가족과 함께하는 하브루타로 생각이 바뀌고 서로를 바라보는 시간을 갖게 된다. 가족 독서 하브루타는 부모와 자녀의 관계를 넘어 대등한 관계에서 이루어진다. 한 인간으로 대하는 온전한 시간을 갖는다는 것은 자존감을 향상시키는 데 중요한 역할을 한다.

월	주제별 하브루타	놀이 하브루타	사계절 스토리	매일매일 즐겨요.
3	• 동시 • 그림 • 안전 • 관찰	• 미스터리 박스 • 구름 질문 • 당연하지 질문 놀이 • 경청 놀이 • 스토리 빙고	• 마음 샘물 환경 조성 • 하브루타 맹모삼천지교 • 하브루타 관계 맺기 • 하브루타 신호 켜기 • 짝과 함께 아침 열기 • 학부모 교육 • 가족 식탁 문화 • 일기 하브루타 • 알림장 하브루타 • 하브루타 월간지	• 질문광장 • 글&그림에게 말 걸기 • 하브루타로 아침 열기 • 1분 스피치 질문 • 짝 바꾸기 • 안전 • 관찰 • 일기 하브루타 • 알림장 하브루타 • 가족 독서 하브루타 • 하브루타 월간지 • 하브루타 미션 해결 • 놀이 하브루타 • 마따 Q 카드
4	• 단원 도입 • 경제 • 글쓰기	• 폭탄 질문 • 육하원칙 질문 • 질문 피라미드 • 스토리 빙고		
5	• 역사 • 비교 • 자료 해석 • 친구 가르치기 I ,II	• 꼬꼬물 질문 • 번개 질문 • 비주얼 논리 게임 • 스토리 빙고		
6	• 음악 감상 • 꼬마 철학자 • 문제 만들기	• PMI 질문 • 제비 뽑기 • 라파엘의 질문 생성 전략 • 스토리 빙고	• 1분 스피치 질문 속으로 • 하브루타 미션 해결 • 경제교육 • 마따 Q 카드로 놀기 • 가족 독서 하브루타	
7	• 탈무드 • 끝장 토론 • 단원 정리	• 질문 주사위 • 생각 주머니 • 스토리 빙고		
8	• 하브루타 프로젝트	• 스캠퍼 질문 • 스피드 퀴즈 • 스토리 빙고		
9	• 자유탐구	• 질문 주사위 • 생각 주머니 • 스토리 빙고	• 새로운 짝 만나기 • 1章 100問 • 1:1 하브루타 데이트 • 하브루타 디베이트	
10	• 시사 • 독도	• 말판 놀이 • 스토리 빙고		
11	• 토론	• 하브루타 연극 놀이 • 스토리 빙고		
12-2	• 진로	• 스토리 빙고	• 마음의 생물 하브루타 • 하브루타 전시회	

미주

1) 전성수,《복수당하는 부모들》, 베다니출판사, 2011

2) "수업 흥미 없어"…질문 사라진 교실,《동아일보》, 2017. 2. 24. 04:47
http://news.donga.com/3/all/20170224/83040295/1

3) 도로시 리즈,《질문의 7가지 힘》, 더난, 2002

4) 전병규,《질문이 살아나는 학습대화》, 교육과학사, 2016, 30쪽

5) 민형덕,〈미래인재 양성을 위한 행복수업 실천방안〉,《위즈덤교육포럼 2018 학습 세미나》, 위즈덤교육포럼, 2018

6) 민형덕, 앞의 글

7) 정학경,《내 아이의 미래력》, 라이팅하우스, 2017

8) 엘리 홀저·오릿 켄트,《하브루타란 무엇인가》, 이은혜 옮김, D6코리아하우스, 2018

9) 엘리 홀저·오릿 켄트, 앞의 책

10) 민형덕(2017),〈학습자중심 질문수업이 비판적 사고성향, 창의적 문제해결능력 및 협력적 자기효능감에 미치는 효과〉, 목포대학교 대학원 교육학과 교육심리 박사학위 논문

11) 전성수,《최고의 공부법 유대인 하브루타의 비밀》, 경향비피, 2014

12) 엘리 홀저·오릿 켄트, 앞의 책

13) 전성수, 앞의 책

14) 진보교육연구소 비고츠키교육학실천연구모임,《관계의 교육학, 비고츠키》, 살림터, 2015

15) 전성수 외 6인,《질문이 있는 교실》, 경향비피, 2015

16) 린다 캐벌린 포포프,《버츄프로젝트 교육자용 안내서》, 김영경·박소정 옮김, 한국버츄프로젝트, 2011

17) EBS,〈다큐프라임, 왜 우리는 대학에 가는가-'5부 말문을 터라'〉, 2014

18) 린다 캐벌린 포포프, 앞의 책

19) 양경윤,《하브루타 질문 수업에 다시 질문하다》, 즐거운 학교, 2018

20) 김성현, 《함께 웃고 떠들며 배우는 독서토론논술 수업》, 지식프레임, 2014

21) 네이버 지식 백과

22) 김성현, 앞의 책, 99쪽

23) 《2015 개정 교육과정 수업탐구 교사공동체 국어과 컨설팅》, 2016. 11. 23.

24) 이성일, 《얘들아, 하브루타로 수업하자!》, 맘에드림, 2014 전라남도교육 원격연수원, 물음표로 채워가는 느낌표 수업 연수 자료, 2018

25) 사랑, 눈물, 감동…중국관 '마지막 잎새', 《연합뉴스》, 2006. 3. 25. 12:09 재인용 https://news.naver.com/main/read.nhn?mode=LSD&mid=sec&sid1=104&oid=001&aid=0001253920

26) 팀 마이어스, 한성옥, 《시인과 여우》, 김서정 옮김, 보림, 2017

27) 양동일·이성준, 《'말하는'역사 하브루타》, 한국경제신문i, 2018

28) 폴 마이어, 《기부왕 폴 마이어의 좋은 습관 24가지》, 황을호 옮김, 생명의 말씀사, 2010

29) 네이버 지식 백과

30) 전병규, 앞의책, 205쪽

31) 전성수, 앞의 책

32) 김혜경, 《하브루타 질문 독서법》, 경향비피, 2018

참고 문헌

DR하브루타교육연구회(양경윤 외 8인), 《하브루타 질문수업》, 경향비피, 2016

EBS, 〈다큐프라임-왜 우리는 대학에 가는가-'5부 말문을 터라'〉, 2014

SBS스페셜 제작팀, 《밥상머리의 작은 기적》, 리더스북, 2010

강치원, 《토론의 힘》, 느낌이 있는 책, 2013

권영애, 《그 아이만의 단 한사람》, 아름다운사람들, 2016

김성현, 《함께 웃고 떠들며 배우는 독서토론논술 수업》, 지식프레임, 2014

김춘일 · 윤정방, 《아동미술교육》, 미진사, 2009

김혜경, 《하브루타 질문 독서법》, 경향비피, 2018

나승빈, 《핵심 역량을 키우는 수업놀이》, 맘에드림, 2017

도로시 리즈, 《질문의 7가지 힘》, 더난출판, 2002

민형덕(2017), 〈학습자중심 질문수업이 비판적 사고성향, 창의적 문제해결능
력 및 협력적 자기효능감에 미치는 효과〉, 목포대학교 대학원 교육학과 교
육심리 박사학위 논문

민형덕, 〈미래인재 양성을 위한 행복수업 실천방안〉, 《위즈덤교육포럼 2018
학술세미나》, 위즈덤교육포럼, 2018

린다 캐벌린 포포프, 《버츄프로젝트 교육자용 안내서》, 김영경 · 박소정 옮김,
한국버츄프로젝트, 2011

심대현 외 8인, 《질문이 있는 교실, 실천편》, 한결하늘, 2016

양경윤, 《교실이 살아있는 질문 수업》, 즐거운학교, 2016

양경윤, 《하브루타 질문 수업에 다시 질문하다》, 즐거운 학교, 2018

양동일 · 이성준, 《'말하는' 역사 하브루타》, 한국경제신문i, 2018

엘리 홀저 · 오릿 켄트, 《하브루타란 무엇인가?》, 이은혜 옮김, D6 코리아 하
우스, 2018

이성일, 《애들아, 하브루타로 수업하자!》, 맘에드림, 2017

이정숙, 《내 아이 4차 산업혁명 시대의 인재로 키우기》, 라온북, 2017

이진숙, 《하브루타 질문 놀이 수업》, 경향비피, 2018

이진숙,《하브루타 질문 놀이》, 경향비피, 2017

전라남도교육원격연수원,〈물음표로 채워가는 느낌표 수업 연수〉, 2018

전병규,《질문이 살아나는 학습대화》, 교육과학사, 2016

전성수,《부모라면 유대인처럼 하브루타로 교육하라》, 예담, 2012

전성수,《창의력이 빵! 터지는 즐거운 미술 감상》, 토토북, 2010

전성수,《최고의 공부법 유대인 하브루타의 비밀》, 경향비피, 2014

전성수 · 양동일,《질문하는 공부법 하브루타》, 라이온북스, 2014

전성수,《복수당하는 부모들》, 베다니출판사, 2011

전성수,《최고의 공부법 유대인 하브루타의 비밀》, 경향비피, 2014

정학경,《내 아이의 미래력》, 라이팅하우스, 2017

존 화이트,《질 삶의 탐색》, 이지헌 · 김희봉 옮김, 교육과학사, 2014

진보교육연구소 비고츠키교육학실천연구모임,《관계의 교육학, 비고츠키》,
  살림터, 2015

짐 트렐리즈,《하루 15분, 책 읽어 주기의 힘》, 눈사람 옮김, 북라인, 2007

팀 마이어스 글, 한성옥 그림,《시인과 여우》, 김서정 옮김, 보림, 2001

폴 마이어,《기부왕 폴 마이어의 좋은 습관 24가지》, 황을호 옮김, 생명의 말
  씀사, 2010

하브루타수업연구회(전성수 외 6인),《질문이 있는 교실 초등편》, 경향비피,
  2015

허승환,《허쌤의 수업 놀이》, 꿀잼교육연구소, 2017